Arno Geiger

Unter der Drachenwand

INTERPRETATION

von Lorenz Varga

STARK

© 2021 Stark Verlag GmbH
www.stark-verlag.de

Inhalt

Autor: Lorenz Varga

Vorwort

Liebe Schülerin, lieber Schüler,

in Artikel 1 des Grundgesetzes steht: *Die Würde des Menschen ist unantastbar.* Abgeleitet aus dem Gleichheitsgrundsatz der Menschenrechte war dies eine zwingende Konsequenz aus dem dunkelsten Kapitel deutscher Geschichte. Dabei gilt es zu bedenken, dass jeder Krieg die Menschenrechte mit Füßen tritt, auch die Kriege, aus denen Menschen in der Gegenwart bei uns Zuflucht suchen. In Zeiten **aufkeimender Fremdenfeindlichkeit** und **nationalistischer Strömungen** kommt Arno Geigers Roman *Unter der Drachenwand* gerade recht, um uns unsere historische Verantwortung wieder ins Gedächtnis zu rufen – nicht die Verantwortung für das Geschehene, sondern die Verantwortung für Gegenwärtiges und Zukünftiges, dass nicht wieder einige gleicher werden als andere. Der Roman von Arno Geiger zeigt auf beeindruckende Weise, wer und was alles geopfert wird, wenn wir die Pfade einer auf **Humanität basierenden Zivilgesellschaft** verlassen. Diese Interpretationshilfe unterstützt Sie dabei, den Roman in seinen verschiedenen Facetten zu verstehen. Auf dieser Basis wird Ihnen ein persönlicher Zugang zu *Unter der Drachenwand* eröffnet, der es Ihnen ermöglicht, Kernaspekte auf unsere heutige Zeit zu übertragen.

Der Band enthält zu Beginn Informationen über den Autor **Arno Geiger** selbst. Dem schließt sich ein Kapitel mit **historischen Grundlagen** an, die für das Verständnis von *Unter der Drachenwand* unabdingbar sind. Nach einer ausführlichen **Inhaltsangabe** geht es dann in die Analyse des Textes. Dabei werden zunächst die wichtigsten **Figuren des Romans** sowohl in ihrer Konstellation als auch einzeln betrachtet, bevor sich der Blick dann auf den **Aufbau** und die **Erzählperspektive** richtet. Im Anschluss daran wird die Frage von **Fiktion und Wirklichkeit** näher beleuchtet. Nach diesen mehr die Form betreffenden

Gesichtspunkten steht die tiefere inhaltliche Auseinandersetzung mit **zentralen Themen und Aspekten** im Mittelpunkt. Dem folgt eine Darstellung der **sprachlich-stilistischen Ausgestaltung des Romans**. Zum Abschluss des Analyseteils werden zwei **ausgewählte Textstellen interpretiert**, die für den Gesamtzusammenhang von Bedeutung sind. Zum Abschluss gibt diese Interpretationshilfe einen Überblick über die **Rezeption** des Textes. Eine **kommentierte Leseliste** am Ende des Bandes ermöglicht Ihnen die gezielte Vertiefung einzelner Aspekte.

Ich wünsche Ihnen viel Freude und neue Einsichten bei der Auseinandersetzung mit dem Roman!

Lorenz Varga

Lorenz Varga

Einführung

Make love, not war! Als dieser Slogan der Hippie- und Antikriegs-
bewegung der 1968er entstand, wurde der Schriftsteller Arno
Geiger gerade erst geboren. Es waren die Kinder der Kriegsgeneration, die gegen neue Kriege wie den Vietnamkrieg auf die Straße
gingen. In Deutschland protestierte man aber auch gegen das Vergessen. Viele der ehemaligen Täter waren wieder in Amt und Würden, als wäre nichts geschehen; die meisten schwiegen über das
dunkelste Kapitel der deutschen Geschichte. Die Kinder der
Kriegsgeneration konnten das Schweigen nicht mehr hören.

Was es heißt, im Krieg zu sein, das hatten viele damals noch
hautnah zu spüren bekommen, sei es als Täter, als Opfer – vielleicht auch als beides – oder sei es als unmittelbarer Angehöriger
derselben. Nun aber sterben die Zeitzeugen aus, die unmittelba-
ren Erfahrungen schwinden und damit auch der Bezug dazu, wie
sich Krieg und Diktatur anfühlen und was sie in der Realität eigentlich bedeuten. Wir leben zwar in einer Zeit, in der Kriege,
Bombardierungen und Flüchtlingsströme zum medialen Alltag
gehören – mit drei Klicks kann man sich heute alles auf den Bild-
schirm holen. Doch die **emotionale Distanz zu diesen existenziellen Erfahrungen** ist für die allermeisten Menschen in
Deutschland, in dem seit 1945 Frieden und Demokratie herr-
schen, groß geworden. Die emotionalen Erinnerungen haben sich
abgeschliffen – oder wie Arno Geiger es ausdrückt: Es werde
mittlerweile abstrakt von Krieg gesprochen.[1] Krieg (und Diktatur) als Ursache für eine Flucht bleibt vielen unverständlich und
die gesellschaftliche Akzeptanz für diese droht zu schwinden.
Dass Krieg für die Menschen, die ihn erleben müssen, eine ganz
konkrete, **totalitäre Erfahrung** darstellt, die alles durchdringt –
das versucht Arno Geiger mit seinem Roman *Unter der Drachenwand* zu vermitteln, besser gesagt: nachzuempfinden. Daher

wählt er die Perspektive der unmittelbar vom Krieg Betroffenen und nicht die rückblickende und distanzierte des Historikers.

Make love, not war könnte man aber auch als Motto dem Roman von Arno Geiger voranstellen, denn *Unter der Drachenwand* ist **Antikriegsroman und Liebesroman** in einem. Warum aber integriert Arno Geiger hier einen Liebesroman?

> *Weil die Liebe im besten Fall die größte Ferne zum Krieg markiert. Der Krieg reißt auseinander und die Liebe fügt zusammen und ist warm, der Krieg ist kalt. Und der eigentliche Antikriegsroman ist vielleicht der Liebesroman.*[2]

Hier kann Literatur andere Zugänge schaffen. Sie kann emotionale Erfahrungsräume öffnen, eine gefühlsmäßige Gegenwärtigkeit, die dem Historiker versagt bleiben muss. Und das gelingt Arno Geiger in einer beeindruckenden Weise, was ihm die **Literaturkritik** in einhelliger Meinung bestätigt. Für seinen Roman *Unter der Drachenwand* nutzt er viele der **modernen Stilmittel**, die einem Gegenwartsautoren zur Verfügung stehen: eine Sprache des Gegenwärtigen, verschiedene Textsorten, eine Parallelführung von Motiven, Ironie sowie perspektivische und zeitliche Brechungen. *Unter der Drachenwand* steht somit formal und literaturästhetisch auf der Höhe der Zeit und ist inhaltlich ein Türöffner für das Verständnis davon, was Krieg und Totalitarismus wirklich bedeuten – auch und gerade in unserer heutigen Zeit.

Biografie

Der österreichische Autor Arno Geiger wurde am 22.7.1968 in **Bregenz am Bodensee** geboren. Dort, in der Marktgemeinde Wolfurt, verbrachte er mit seinen drei Geschwistern, zwei Brüdern und einer Schwester, seine Kindheit und Jugend. Auf dem Nachbargrundstück lebten die Großeltern. Sie waren noch Bauern, bei denen die Kinder durchaus mithalfen. Geigers **Mutter** arbeitete als **Lehrerin**, sein **Vater** – 15 Jahre älter als die Mutter –

Arno Geiger bei einer Lesung von *Unter der Drachenwand* in Wien (2018)

war **Gemeindesekretär** vor Ort. Siebzehnjährig war dieser als Soldat in den **Krieg** beordert worden, später in **russische Kriegsgefangenschaft** geraten und schließlich **traumatisiert** zurückgekehrt – er blieb fortan in Wolfurt. Im Krieg habe er die Welt gesehen, Wolfurt sei ihm schön genug, zitiert Sohn Arno seinen Vater. Die Ehe der Eltern war schwierig, weswegen die Kinder wohl auch einige Freiheiten genossen. Sie waren viel in der Natur. Für Aufsehen sorgte Geigers Buch *Der alte König in seinem Exil* (2011), in dem er über die Demenzerkrankung seines Vaters schrieb. Es ist nicht nur ein „grandios gelungenes Buch", wie der Literaturkritiker Denis Scheck auf dem Buchcover zitiert wird, es ist vor allem eine große Liebeserklärung an den Vater.

Nach seiner Matura (1987) ging Arno Geiger zum **Studium** der *Deutschen Philologie, Alten Geschichte* und *Vergleichenden Literaturwissenschaft* zunächst nach **Innsbruck**, später dann nach **Wien**. Dort lebt er heute mit seiner Frau. Zwar fühle er sich in Wien sehr wohl, aber er sei **nur ein gelernter Wiener**. In erster Linie sei er Vorarlberger, da komme er her, da sei seine Heimat und dahin kehre er auch immer wieder gerne zurück.[3]

Mit dem **Schreiben** begann Geiger im Alter von **19 Jahren**. Seine allererste Lesung war 1996 beim Wettbewerb zum Ingeborg-Bachmann-Preis, wo er nochmals 2004 auftrat. Die ersten Bücher liefen nicht gut. Viele Jahre arbeitete er als Ton- und Bühnentechniker bei den Bregenzer Festspielen und musste seine Buchprojekte irgendwie vorfinanzieren. Sein Durchbruch gelang ihm 2005 mit dem Roman *Es geht uns gut*. Mit ihm wurde Geiger der erste Gewinner des neu ausgelobten **Deutschen Buchpreises**. Weitere Preise folgten – u.a. der *Johann-Peter-Hebel-Preis* (2008), der *Friedrich-Hölderlin-Preis* (2011), der *Literaturpreis der Konrad-Adenauer-Stiftung* (2011) und der *Österreichische Kunstpreis für Literatur* (2018). Für seinen 2018 erschienenen Roman *Unter der Drachenwand* erhielt Geiger den *Bremer Literaturpreis* (2019) sowie den *Europese Literatuurprijs* (2019), mit dem in den Niederlanden der beste europäische Gegenwartsroman ausgezeichnet wird. Es ist sein achter Roman.

Arno Geiger ist kein „Drauflosschreiber", sondern ein planvoller Schriftsteller. Hatte er an seinem Roman *Es geht uns gut* bereits vier Jahre gearbeitet, so wurden es bei *Unter der Drachenwand* **über zehn**. In dieser Zeit hat er nach eigenen Angaben über 10 000 Briefe gelesen, um sich in das Leben der Menschen des Jahres 1944 einzufühlen, denn er wollte diesen Roman nicht retrospektiv wie ein Historiker erzählen, sondern aus dem Horizont seiner Figuren heraus. Dazu gehört aber sicherlich auch eine große Portion an Empathie, die ihm von Kritikern immer wieder bescheinigt wird. Nach allem Recherchieren, Sortieren und Planen habe er dann den **Roman in nur vier Monaten verfasst**. Empathie ist für den Schriftsteller Arno Geiger aber noch aus einem anderen Grund wichtig: Er hat in seinen Romanen kein wiederkehrendes Thema, sodass er sich immer wieder neu einfühlen muss. Dabei scheut er auch nicht davor zurück, sich in die Perspektive einer Frau einzufühlen, wie in seinem Roman *Alles über Sally* aus dem Jahr 2010.

Historische Grundlagen

Politische Eckdaten: NS-Herrschaft und Zweiter Weltkrieg
Nach der Ernennung **Adolf Hitlers** zum **Reichskanzler**
(30. Januar 1933) und der damit verbundenen **Machtübertra-
gung auf die Nationalsozialisten** begannen diese, den Staat zu
einer **Diktatur** auszubauen. Es wurden **Grundrechte** einge-
schränkt (u. a. *Reichstagsbrandverordnung*) und die Macht wurde
immer mehr auf Hitler und auf die NSDAP **zentralisiert** (u. a. *Er-
mächtigungsgesetz* und *Gesetz gegen die Neubildung von Parteien*).

Die **„Rückführung"** des **Saarlandes** ins Deutsche Reich (März
1935) nach einer Volksabstimmung war noch vom Versailler Ver-
trag gedeckt, die Einführung der allgemeinen Wehrpflicht (März
1935) und der **Einmarsch ins entmilitarisierte Rheinland**
aber nicht mehr (März 1936). Zwei Jahre später verkündete Hitler
den **„Anschluss" Österreichs,** nachdem deutsche Truppen ins
Nachbarland (März 1938) einmarschiert waren. Im Münchner
Abkommen wurde noch das Sudetenland an Deutschland abge-
treten, aber nach Hitlers Errichtung des *Protektorats Böhmen und
Mähren* auf tschechoslowakischem Staatsgebiet (März 1939) be-
endeten Großbritannien und Frankreich ihre Beschwichtigungs-
politik und sprachen eine **Sicherheitsgarantie** für Polen aus.

Mit dem **Überfall auf Polen** (September 1939) nach angebli-
chen Grenzzwischenfällen begann der Zweite Weltkrieg. Deutsch-
land besiegte in den „Blitzkriegen" der nächsten beiden Jahre
Polen, besetzte **Dänemark und Norwegen** und zwang auch
Frankreich im Westfeldzug zur Kapitulation (Juni 1940). Beim
Krieg an der Ostfront gegen die **Sowjetunion** (ab Juni 1941) rück-
te die Wehrmacht zunächst schnell vor, kam aber vor Moskau
zum Stehen. Die **Kapitulation** der 6. Armee der Wehrmacht in
Stalingrad war der **Wendepunkt des Krieges** (Januar 1943).
Von da an wurden die Deutschen **immer mehr zurückgedrängt**

– nach der Landung der Alliierten in der Normandie (Juni 1944) auch an der **Westfront**. Nach dem Einmarsch in Berlin (April 1945) kapitulierte die Wehrmacht bedingungslos (7.–9. Mai 1945).

„Gleichschaltung" und Ideologisierung

Im Zuge der Errichtung einer totalitären Diktatur wurden fast alle gesellschaftlichen Bereiche der **„Gleichschaltung"** unterzogen, d. h. **auf nationalsozialistische Linie gebracht** – von den Ländern und vom öffentlichen Dienst über Institutionen (z. B. Gewerkschaften) bis hin zu Kultur und Medien. Beispielhaft seien hier die *Deutsche Arbeitsfront* im Bereich der Arbeit, ihre Unterorganisation *Kraft durch Freude* (KdF) im Bereich der Freizeit sowie die *Hitlerjugend* (HJ) im Bereich der Erziehung genannt. Dabei strebte das Regime die Durchdringung der Gesellschaft mit der nationalsozialistischen **Ideologie** an, die von **Führerkult**, der Vorstellung einer **Volksgemeinschaft** und der (heute eindeutig widerlegten) **„Rassenkunde"** geprägt war.

Auch die **Kinderlandverschickung (KLV)** wurde zur Ideologisierung genutzt. Vor dem Krieg war sie eine gesundheitlich begründete Ferienreise für Kinder, im Krieg diente sie der Evakuierung von Kindern aus gefährdeten Gebieten. Die Kinderlandverschickung wurde aber lediglich als Erweiterung bestehender Maßnahmen ausgegeben. Ab dem Beginn der Bombenangriffe entstanden im Reichsgebiet an die 9 000 Lager (in Jugendherbergen, Gasthäusern, Zeltlagern etc.), in denen die Kinder meist klassenweise untergebracht waren. Die Teilnahme war nicht verpflichtend, aber die schulische Situation ließ meist keine andere Möglichkeit. Eine Lehrkraft leitete das Lager, doch außerhalb des Unterrichts oblag die Gestaltung des Tagesablaufs weitgehend den **HJ-Führern** (bei den Mädchen der Lagermädelführerin). Die Kinderlandverschickung war für die Nationalsozialisten ein geeignetes Mittel, die Kinder dem Einfluss der Eltern zu entreißen und **im Sinne des Systems zu erziehen**. Entsprechend war der Alltag stark reglementiert und von militärischem Drill geprägt.

„Volksgemeinschaft", Ausgrenzung und Judenverfolgung

Eine zentrale Vorstellung der nationalsozialistischen **Ideologie** war die sogenannte „**Volksgemeinschaft**", die auch Hitler in seinen Reden immer wieder beschwor:

> *Über Klassen und Stände, Berufe, Konfessionen und alle übrige Wirrnis des Lebens hinweg erhebt sich die soziale Einheit der Menschen ohne Ansehung des Standes und der Herkunft, im Blute fundiert [. . .]. Unser Wille ist der Sieg der nationalsozialistischen Volksgemeinschaft.* [4]

Dementsprechend hatte die NSDAP in ihrem Parteiprogramm verankert, dass Gemeinnutz vor Eigennutz ginge. Die Zugehörigkeit zur „Volksgemeinschaft" versprach Sicherheit und Geborgenheit und übte so eine große Anziehungskraft aus.

Aber nicht alle Deutschen durften daran teilhaben. Während sich heute demokratische Gesellschaften um **Inklusion** bemühen, war das Konzept der „Volksgemeinschaft" in höchstem Grade **exklusiv**. Wer dazugehören durfte, entschieden die Nationalsozialisten. Aufgrund der ideologisch propagierten Rassenlehre wurden Jüdinnen und Juden als **minderwertig** angesehen und von der „Volksgemeinschaft" **ausgeschlossen** – ebenso Homosexuelle, Sinti und Roma sowie Menschen mit Behinderung. Der Ausschluss betraf aber auch politische Gegner. Im Grunde konnte jeder als nicht zugehörig eingeordnet werden, der aus Sicht der Nationalsozialisten den Gemeinschaftsfrieden störte. Eine solche Störung konnte schon eine Kritik an Hitler sein. Neben die von den Nationalsozialisten als „**rassisch**" **verstandenen Kriterien** für die Zugehörigkeit zur „Volksgemeinschaft" traten so **weltanschauliche Kriterien**.

Ausschluss bedeutete soziale Isolation und in vielen Fällen Entfernung aus der Gesellschaft durch Schutzhaft in einem **Kon-**

zentrationslager (KZ). Dieses Mittel lag in den Händen der Gestapo, der Geheimen Staatspolizei, und wurde von dieser willkürlich gehandhabt. In sehr kurzer Zeit wurden Menschen aus der sozialen Gemeinschaft ausgeschlossen, in der sie so etwas wie Nächstenliebe oder Mitgefühl zu erwarten gehabt hätten. Die Wissenschaftler Sönke Neitzel und Harald Welzer sprechen von einer fortschreitenden Normalisierung radikaler Ausgrenzung. Diese sei von der „Volksgemeinschaft" gar nicht mehr als Ausgrenzung erlebt worden, da in ihrer Wahrnehmung die Ausgegrenzten gar nicht mehr dem Bereich zugehörten, in dem die „Moralität und Sozialität der Volksgemeinschaft"[5] maßgeblich war.

Schon im April 1933 begann mit einem Boykott jüdischer Geschäfte die **Drangsalierung der jüdischen Bevölkerung**. Mit den *Nürnberger Gesetzen* (10. September 1935) schaffte das NS-Regime dann die gesetzliche Grundlage für den weitgehenden **Ausschluss jüdischer Menschen aus der Gesellschaft**. Weitere Maßnahmen schränkten ihre Lebensmöglichkeiten immer weiter ein. Am 9./10. November 1938 kam es zu reichsweit organisierten Gewaltattacken gegen die jüdische Bevölkerung (= Reichspogromnacht). Die **Namensänderungsverordnung** verpflichtete ab 1939 alle deutschen Juden und Jüdinnen, den zusätzlichen Vornamen Sara bzw. Israel anzunehmen, sofern sie nicht ohnehin schon einen Vornamen trugen, der in der Bevölkerung als typisch jüdisch galt. „Arische" Vermieter durften Juden die Wohnungen kündigen und Juden, die noch verwertbaren Wohnraum hatten, wurden verpflichtet, andere Juden aufzunehmen. So entstanden sogenannte **Judenhäuser**, in denen die jüdische Bevölkerung zusammengepfercht war.[6]

Mit der Einführung des **Judensterns** im September 1941 waren Jüdinnen und Juden fortan auch äußerlich erkennbar und damit den Erniedrigungen durch die „Volksgemeinschaft" hilflos ausgeliefert. Im Oktober 1941 begann dann die mörderischste

Stufe der Verfolgung: die systematischen **Massendeportatio-nen in die Vernichtungslager**. Dem Holocaust (auch Schoah genannt) fielen etwa 6 Millionen Juden zum Opfer.

Die **Judenverfolgung in Österreich** hatte besonders drastische Züge. Nach dem „**Anschluss**" Österreichs im März 1938 setzten sofort Verfolgungsmaßnahmen ein:

> *Die Juden waren in diesen Tagen bösartigen Schikanen und brutalen öffentlichen Demütigungen ausgesetzt, die unter aktiver Beteiligung und Zustimmung eines beträchtlichen Teils der Bevölkerung abliefen. Viele suchten den Freitod.*[7]

Nach Saul Friedländer war in Österreich „die Enteignung besser organisiert, die Zwangsemigration rascher"[8] als im Reich. Im Herbst 1941 begannen auch hier die Massendeportationen.

In **Ungarn** gewannen die von Ferenc Szálasi 1937 gegründeten faschistischen **Pfeilkreuzler** immer mehr an Boden. Diese wurden zwar von den regierenden Parteien unter Staatsoberhaupt Miklós Horthy von der Regierung ferngehalten, doch machte man mit **antijüdischen Gesetzen Zugeständnisse**. Ungarns Politik war eher interessengeleitet als ideologisch: Man wollte auf der richtigen Seite stehen, also zu den Siegern gehören. So schloss man sich den faschistischen Mächten an, verweigerte sich aber dem Ansinnen, eine Judenverfolgung im Sinne der „Endlösung" zu betreiben. Am 19. März 1944 marschierten deutsche Truppen in Ungarn ein. Es waren nicht nur Ungarns geheime Verhandlungsbestrebungen mit den Alliierten ruchbar geworden, sondern man benötigte auch Geld. Bereits einen Tag später nahm Adolf Eichmann die **Enteignung und Deportation der ungarischen Juden** in die Hand. Ab dem 5. April war der gelbe Stern zu tragen. Die Juden wurden erst ghettoisiert, dann deportiert. Etwa 440 000 der 760 000 in Ungarn lebenden Juden wurden bis zum vorläufigen Stopp am 9. Juli in Konzentrationslager verschleppt. Die meisten Transporte gingen nach Auschwitz. Als im Oktober die **Pfeilkreuzler** unter Ferenc Szálasi die Macht übernahmen, setzte die **nächste Gewaltwelle** ein. Direkt nach der Machtübernahme wurden am Donauufer in Budapest Tausende erschossen und bald auch die Deportationen fortgesetzt. Mangels Zügen wurden die meisten der Deportierten auf sogenannte **Todesmärsche**[9] geschickt. Juden sollten dabei auch als Zwangsarbeiter für die Errichtung des Südostwalls eingesetzt werden. Die Todesmärsche nach Wien führten auch durch Hainburg.

Das Mahnmal *Schuhe am Donauufer* (2005) in Budapest erinnert an die Pogrome an Juden und Jüdinnen durch die Pfeilkreuzler

Die **Ukraine** war im Zweiten Weltkrieg Schauplatz unvorstellbarer Verbrechen. Unmittelbar nach dem Überfall der Wehrmacht auf die Sowjetunion (1941) setzten die ersten **Pogrome** gegen die jüdische Bevölkerung ein, gefolgt von **Massenerschießungen**, die SS-Einheiten[10] mit der Unterstützung der Wehrmacht durchführten. Anfang Juli wurden allein in Lemberg etwa 4 000 Juden ermordet. Das größte dieser Massaker fand in der Schlucht von Babyn Jar am Stadtrand von Kiew statt, wo innerhalb von zwei Tagen über 33 000 Menschen erschossen wurden.

Bombenkrieg

Der Zweite Weltkrieg war geprägt durch den **massiven Einsatz von Bombern**. Rotterdam, Belgrad und Murmansk stehen stellvertretend für viele von der deutschen Luftwaffe zerbombten Städte. Die Luftschlacht um England 1940/41 gilt als Hitlers erste militärische Niederlage. Der von der deutschen Luftwaffe in die Welt getragene Bombenkrieg kehrte bald nach Deutschland zurück. Das **erste Flächenbombardement** traf am 29. März 1942 **Lübeck**. Bis zum Kriegsende blieb keine größere deutsche Stadt von Bombardierungen verschont.

Die USA und Großbritannien verbanden in der „**Combined Offensive**"[11] zwei Strategien miteinander: Die Amerikaner griffen am Tag mit Langstreckenbombern strategische Ziele an, während die Briten nächtliche Flächenbombardements auf deutsche Städte flogen. Tote Zivilisten waren bei den Briten kein Kollateralschaden, sondern Kalkül. Das sogenannte „**moral bombing**"[12] zielte darauf ab, die Bevölkerung zu demoralisieren und Deutschland ohne eine kostspielige Landinvasion zum Aufgeben zu zwingen. Den Amerikanern hingegen diente die Bombardierung Deutschlands der Vorbereitung einer Invasion in Europa. Spätestens ab dem Frühjahr 1944 hatten die Alliierten die **uneingeschränkte Lufthoheit**. Für die deutsche Bevölkerung kam erschwerend hinzu, dass die Bunker und Luftschutzräume bei Weitem nicht ausreichten. Viele erstickten in ihren Kellern oder irrten durch die Straßen, weil in den Bunkern kein Platz war.[13]

Leben an der „Heimatfront"

Der Begriff der „**Heimatfront**" diente den Nationalsozialisten dazu, eine **moralische Verbindung** zwischen den **Frontsoldaten** und der daheim **gebliebenen Bevölkerung** herzustellen. Wer sich an der „Heimatfront" einsetzte, signalisierte seine Verbundenheit mit den Soldaten und seine Zugehörigkeit zur „Volksgemeinschaft". Dieser Einsatz hatte viele Gesichter (vgl. etwa den Reichsarbeitsdienst oder den Kriegshilfsdienst).[14] Mit Bezug auf den Einsatz an der „Heimatfront" konnten die Entbehrungen in der kriegsbedingten Mangelwirtschaft besser gerechtfertigt und damit die Kriegsmoral länger hochgehalten werden. Während des Krieges wurde der Erwerb von Textilien und Lebensmitteln mittels **Kleider- und Lebensmittelkarten** geregelt. Auch Tabakwaren wurden mittels einer **Raucherkarte** ausgegeben – für Nichtraucher ein begehrtes Tauschmittel. Die anfangs üppig bemessenen Rationen wurden im Laufe des Krieges immer kleiner. Juden, die Bevölkerung in den besetzten Gebieten und die im Deutschen Reich lebenden Zwangsarbeiter bekamen noch geringere Rationen. Während des Krieges gab es für die „Mitglieder der Volksgemeinschaft" im deutschen Reichsgebiet zwar Einschränkungen, aber kaum ernsthafte Ernährungsprobleme. Das war nur möglich durch die rigorose **Ausbeutung der osteuropäischen Gebiete**. Das heißt konkret: Die osteuropäische Bevölkerung wurde planvoll dem Hungertod überlassen.

„Volkssturm"

Der Krieg war längst verloren, da griff Hitler zum letzten Mittel: zur **Militarisierung der „Heimatfront"**. Mit dem Führererlass vom 25. September 1944 wurden alle wehrfähigen Männer im Alter von 16 bis 60 Jahren verpflichtet, die Heimat zu verteidigen. Es waren aber überwiegend ganz alte bzw. ganz junge Männer, da die Männer mittleren Alters ohnehin schon im Krieg waren. Der von diesen Männern gebildete „Volkssturm" übernahm in der Regel Bau- und Schanzarbeiten sowie Sicherheits- und Verteidigungsaufgaben, vornehmlich an der Ostfront. Er war schlecht bis kaum ausgebildet und ebenso schlecht ausgerüstet, teilweise sogar nur mit Spaten bewaffnet. Die Verlustrate dieses sinn- und wirkungslosen Einsatzes war enorm hoch.

Volksdroge Pervitin

1938 brachten die Temmler-Werke den synthetisch hergestellten Stoff Metamphetamin in Tablettenform auf den Markt, und zwar unter der **Marke Pervitin**. Heute ist die Droge besser bekannt unter dem Namen *Crystal Meth*.[15] Metamphetamin wirkt euphorisierend, unterdrückt Schmerz, Hunger und Müdigkeit und ist daher kurzfristig leistungssteigernd. Pervitin war zunächst frei erhältlich und machte seinen Siegeszug durch die deutsche Gesellschaft. Auch die Wehrmacht erkannte dies und verabreichte in den anfänglichen „Blitzkriegen" millionenfach Pervitin-Tabletten.[16] Erst als die Langzeitfolgen (Zusammenbrüche, Paranoia, Depressionen, Psychosen) klar zutage traten, wurde es ab Mitte des Jahres 1941 rezeptpflichtig. Pervitin hat ein hohes Abhängigkeitspotenzial, da die aufgrund von Gewöhnung nachlassende Wirkung meist durch eine erhöhte Dosis kompensiert wird.

Eine Dose *Pervitin* mit dem Wirkstoff Metamphetamin
(heute bekannt als *Crystal Meth*)

Inhaltsangabe

1 Der Inhalt in aller Kürze

Kap. 1–6 (S. 7–84): November 1943 bis Ende Februar 1944	**Veit Kolbe** wird im II. Weltkrieg an der Ostfront **verwundet**. Nach Besserung seines Zustandes in einem Saarländer Lazarett und einem kurzen Aufenthalt zu Hause in Wien beginnt er einen **Genesungsurlaub in Mondsee**. Auf Vermittlung seines Onkels bezieht er ein Zimmer im Haus der schroffen Quartierfrau Trude Dohm. Mit der Zeit lernt er seine **Zimmernachbarin Margot** mit ihrem Baby, die Mädchen des Mädchenlagers *Schwarzindien* mit ihrer Lehrerin Grete Bildstein und den **Brasilianer** kennen, der gegenüber eine Gärtnerei betreibt. Veit, der immer wieder Panikattacken hat, erfährt, dass Nanni, eines der Mädchen, eine Liebesbeziehung mit ihrem Cousin Kurt aus Wien hat.
Kap. 7 (S. 85–96): Briefe von Margots Mutter	Margots Mutter berichtet ihrer Tochter von dem dürftigen Alltagsleben in Darmstadt, der aktuellen Situation von Verwandten und Bekannten sowie von Bombenangriffen.
Kap. 8 (S. 97–110): Briefe von Kurt	Kurt beschreibt Nanni seinen Familienalltag, bringt seine Sehnsucht nach ihr zum Ausdruck und möchte sie an Ostern in Mondsee besuchen.
Kap. 9 (S. 111–128): Briefe von Oskar Meyer	Der Wiener Jude Oskar Meyer erzählt, wie seine Familie von den Nazis drangsaliert wird und dass ihre Ausreise nicht gelingen will. Schließlich fliehen sie nach Ungarn.
Kap. 10–16 (S. 129–229): Ende Februar 1944 bis Ende Juni 1944	Veit und der NS-kritische Brasilianer nähern sich an. Als Veit eines Tages eine Panikattacke hat, hilft Nanni ihm. Ihrer Bitte, sie mit einem Brief an ihre Mutter zu unterstützen, will er aber nicht nachkommen. Wenig später **verschwindet Nanni spurlos**; der Onkel, Postenkommandant in Mondsee, recherchiert nur halbherzig. Nachdem sich der **Brasilianer in der Öffentlichkeit NS-kritisch geäußert** hat, wird er von der **Gestapo verhaftet**. Veit und Margot übernehmen vorerst die Gärtnerei. Sie werden ein **Paar**. In Wien wird Veit nach einem Einspruch gegen einen ersten Bescheid die Felduntauglichkeit bescheinigt.
Kap. 17 (S. 230–244): Briefe von Kurt	Kurt erläutert Nanni das schwierige Verhältnis zu seinen Eltern, seine Militärausbildung und den Kriegsalltag.

Kap. 18 (S. 245–263): Briefe von Oskar Meyer	Oskar stellt sein beschwerliches Leben mit seiner Familie in Budapest dar und erzählt, dass seine Frau und seine Tochter eines Tages verschwunden sind.
Kap. 19 (S. 264–278): Briefe von Margots Mutter	Margots Mutter berichtet ihrer Tochter von einem verheerenden Bombenangriff auf Darmstadt und von den schrecklichen Folgen für die Bevölkerung.
Kap. 20–26 (S. 279–369): Ende Juni 1944 bis Ende November 1944	Veit genießt den Sommer mit Margot. Anfang September **kehrt der Brasilianer zurück,** die vier Monate in Haft haben ihm zugesetzt. Im Krankenrevier Vöcklabruck stempelt Veit sich verbotenerweise Papier ab und fälscht damit seine Unterlagen, um **nicht wieder ins Feld geschickt** zu werden. **Nannis Leiche** wird unterhalb der Drachenwand gefunden, sie ist in die Tiefe gestürzt. Nach einer Auseinandersetzung des Brasilianers mit dem Mann der Quartierfrau, dem SS-Mann Dohm, **flieht der Gärtner.** Der Onkel erfährt von dessen Aufenthaltsort. Als dieser den Brasilianer festnehmen will, **erschießt Veit den Onkel.** Der Brasilianer flieht erneut.
Kap. 27 (S. 370–383): Briefe von Margots Mutter	Margots Mutter beschreibt in Briefen das deprimierende Leben in Darmstadt und hofft, dass Margot sie mit ihrem Töchterchen mal besucht.
Kap. 28 (S. 384–398): Briefe von Kurt	Kurt schreibt an seinen Freund Ferdl und stellt den Alltag in der Kaserne sowie seine Trauer wegen Nannis Tod dar.
Kap. 29 (S. 399–418): Notizen von Oskar Meyer	Notizen von Oskar Meyer zeugen von der lebensbedrohlichen Verschlechterung der Lage für Juden in Budapest. Er meldet sich für einen Arbeitseinsatz und wird auf einen Todesmarsch Richtung Hainburg geschickt.
Kap. 30–34 (S. 419–476): Ende November 1944 bis Mitte Dezember	Veit wird nicht des Mordes am Onkel verdächtigt, wird aber in Wien „**feldtauglich**" geschrieben. In Hainburg gibt er Kurt seine Liebesbriefe zurück, die in Mondsee lagerten. Veit kommt kurz nach Mondsee zurück, wo er und Margot nach einem Streit mit der Quartierfrau in eine andere Unterkunft umziehen. In der Hoffnung, sich wiederzusehen und eine **gemeinsame Zukunft** zu haben, verabschieden sie sich. Veit verlässt Mondsee **in Richtung Ostfront.**
Kap. 35 (S. 477–480)	In den Nachbemerkungen wird aus großer zeitlicher Distanz der weitere Lebensweg der wichtigsten Personen erzählt.

2 Ausführlicher Inhaltsüberblick

Im Himmel, ganz oben (S. 7–21)
Die Handlung beginnt **Ende November 1943** an der **Front in der östlichen Ukraine.** Die Wehrmacht befindet sich im Rückzugsgefecht. Der Soldat **Veit Kolbe,** aus dessen Perspektive erzählt wird, realisiert, dass er gerade einen **Angriff überlebt** hat. Sein Beifahrer hatte weniger Glück. Getroffen von drei Granatsplittern und blutüberströmt rennt Veit in Panik zum Sanitäter. Später werden ein Kieferbruch und eine Oberschenkelverletzung diagnostiziert. Nach zwei Tagen am Hauptverbandplatz beginnt eine beschwerliche Reise mit Lastwagen und Lazarettzug, die über eine Woche dauert. Endstation ist ein zum **Lazarett** umfunktioniertes Kinderheim im **Saargebiet.** Nach näheren Untersuchungen wird Veit am Oberschenkel und am Schlüsselbein operiert. Der Geruch der Sauberkeit erinnert ihn an das Sanatorium, in dem seine ältere Schwester Hilde einst lag. Die Ruhe im Lazarett bringt ihn zum **Nachdenken über die durch den Krieg verlorene Lebenszeit.** Sein Bettnachbar, ein schwer verletzter Hauptmann, berichtet von **Exekutionen** an Zivilisten in Warschau.

Den Verwundeten-Orden, den Veit erhält, empfindet er als unpassend, da es diesen nur dafür gebe, dass er einmal zur falschen Zeit am falschen Ort gewesen sei – und nicht für seine **Leistungen als Lastwagenfahrer** in den letzten vier Jahren.

Allmählich bessert sich Veits Zustand und sein Antrag auf **Überweisung in ein Heimatlazarett** wird bewilligt. Nach längerer Zugfahrt durch das vom Krieg gezeichnete Deutschland kommt er **zu Hause** in der Possingergasse in **Wien** an.

Seit meinem letzten Aufenthalt (S. 22–31)
Seit 15 Monaten ist Veit nicht mehr daheim gewesen und muss nun feststellen, dass sich sein Zuhause verändert hat. Sein **Vater,** der beim „Anschluss" Österreichs 1938 Freudentränen geweint

hat, drischt Phrasen, die **Veit kaum erträgt**. Die sich abschuf-
tende Mutter sieht schlecht aus, hält sich aber aus den politischen
Dingen heraus. Hildes Sachen erinnern Veit an die geliebte, seit
sieben Jahren tote Schwester, sein eigenes Jugendzimmer an die
verlorene Zeit. Er ist überzeugt, dass er ohne den Krieg bereits
ein Studium an der Technischen Hochschule abgeschlossen hätte
und auf eigenen Beinen stehen würde. Stattdessen zieht er sich
jetzt antriebslos in die Einsamkeit zurück. Das Sprechen über seine Kriegserlebnisse fällt ihm schwer.

Auch außerhalb der elterlichen Wohnung fühlt Veit sich **un-
wohl**. Die Verwandten stimmen in die Phrasen des Vaters ein und
mit seinen Krücken und Kriegserfahrungen kommt sich Veit in
Wien **wie ein Fremder** vor. Beim Wehrbezirkskommando wird
ihm zwar ein **mehrmonatiger Genesungsurlaub bewilligt**,
die Zulassung zum Studium aber verweigert. Zu Hause werden
die Gespräche mit seinem Vater immer unerträglicher. Veit will
aus Wien fort und bittet seinen Onkel Johann, den älteren Bruder
seines Vaters, ihm ein **Zimmer in Mondsee** zu besorgen, wo
dieser Postenkommandant ist. Veits Mutter ist bestürzt, weil ihr
Sohn nicht bei ihr bleibt. Am Neujahrstag 1944 reist er schließlich mit schlechtem Gewissen **nach Mondsee**.

Eine halbe Fahrstunde von Salzburg (S. 32–48)
Angekommen in **Mondsee** bietet sich Veit ein winterliches
Panorama mit der Drachenwand, einer etwa 700 Meter hohen
Felswand. Die zunächst wortkarge Quartierfrau bringt ihn mit
der Kutsche zu einem etwas **abseits gelegenen Bauernhaus** mit
angrenzendem Stall. Gegenüber liegt ein gemauertes Haus mit
Gärtnerei und Gewächshaus. Das **Zimmer** im dunklen Ober-
geschoss des Bauernhauses ist **kläglich:** Der Ofen reicht nicht
gegen die Kälte, die Matratze stinkt, die Latrine ist im Hof, es gibt
keinen Schrank und Mäuse sind allgegenwärtig.

Der Ort Mondsee mit der Drachenwand (Ansichtskarte aus den 1940er-Jahren)

Veit macht seinen **Antrittsbesuch beim Onkel**, den er seit zehn Jahren nicht gesehen hat, und erzählt ihm von seinen Eltern, von seinen Kriegserfahrungen und von seinem dürftigen Zimmer. Als Veit wieder dorthin zurückkehrt, hat er einen **Panikanfall**. Die Erinnerung an eine brennende Hütte in Russland übermannt ihn. Um sich abzulenken, beginnt er sein Zimmer auf Vordermann zu bringen.

Veit berichtet von seiner **Zimmernachbarin**, einer **jungen Darmstädterin**, die vor wenigen Wochen ein **Kind** bekommen hat und mit einem Soldaten aus dem nahe gelegenen Vöcklabruck verheiratet ist. Als sie kurz zu diesem nach Linz fährt, weil er an die Front muss, kümmert sich Veit um ihr Zimmer. Die Quartierfrau äußert sich indessen hämisch über die Darmstädterin.

Veit bringt einige Tage mit **behördlichen Angelegenheiten** und **Besorgungen** zu. Er bestellt sich ein neues Bett sowie eine neue Matratze und erwirkt beim Ortsgruppenleiter die Genehmigung eines neuen Ofens. Bei einem Spaziergang kehrt er in St. Lorenz am Westufer in den Gasthof *Drachenwand* ein. Dessen ehemaliger Besitzer Anton Lanner war vor anderthalb Jahren mit seinem Sohn wegen Schwarzschlachtens geköpft worden. Auf dem Weg zurück stößt Veit an der Haltestelle St. Lorenz auf eine **Gruppe zwölf- bis dreizehnjähriger Mädchen**, die aus demselben Wiener Bezirk stammen wie er und im Rahmen der Kinderlandverschickung gerade am Mondsee angekommen sind. Sie ziehen mit zwei Begleiterinnen zu ihrem **Quartier in Schwarzindien**, einem Ortsteil von St. Lorenz.

Während der neue Ofen (S. 49–59)

Als der Ofen fertig gesetzt ist, macht Veit es sich im Zimmer behaglich. Er hat erstmals seit fünf Jahren das Gefühl, etwas geschafft zu haben. Der Ofen trägt dazu bei, dass er sich **langsam ein wenig besser** fühlt. Auf das mitgebrachte Lehrbuch für Elektrotechnik vermag er sich allerdings nicht zu konzentrieren.

Der Ortsgruppenleiter lehnt die Flasche Wein, mit der Veit sich für die Ofenzuteilung bedanken möchte, ab, um nicht den Eindruck zu erwecken, er ließe sich für Gefälligkeiten bezahlen.

Der Onkel, mit dem Veit nun vertrauter ist, erzählt ihm, dass der Ortsgruppenleiter wegen nicht gemeldeter Fahrräder gar den eigenen Bruder angezeigt habe. Vor der Tür treffen sie auf **Grete Bildstein**, die **Lehrerin der Mädchengruppe**, die inzwischen das Gasthaus *Schwarzindien* bezogen hat. Sie verhält sich Veit gegenüber reserviert. Dennoch erlaubt sie ihm, sie zum Quartier zu begleiten. Als die Lehrerin schließlich erzählt, die Mädchen würden sich langweilen, sie selbst käme dagegen kaum zur Ruhe, wird ihm bewusst, dass er ihr durch seine Begleitung eine halbe Stunde Alleinsein gestohlen hat. Die neugierigen Mädchen finden den **Besuch des Soldaten** und seine Berichte **sehr interessant**. Eines fordert ihn gar auf, sie wieder zu besuchen.

Zurück in Mondsee trifft Veit auf die Darmstädterin. In einem kurzen Gespräch teilen sie einander mit, was sie vom jeweils anderen durch die dünnen Zimmerwände mitbekommen. Dass er auch ihr Weinen hört und manchmal etwas fallen lässt, um sie aus dem Weinen herauszuholen, verschweigt er ihr.

Die Pension *Schwarzindien* in St. Lorenz unterhalb der Drachenwand (Ansichtskarte aus den 1930er-Jahren)

Nach einem zweitägigen kurzen Antäuschen (S. 60–71)
Veit erfährt von der Darmstädterin, dass die **Quartierfrau** im Ort sehr **unbeliebt** ist und ihr bereits bezahlte Kohlen vorenthalten wollte. Mit ihrem Bruder, dem Gärtner von gegenüber, den alle **den Brasilianer** nennen, sei jene zudem zerstritten.

Nach drei Tagen, in denen immer wieder Bombengeschwader über den Mondsee fliegen, zieht es Veit zwei Tage hintereinander nach Schwarzindien. Doch Veit erlebt die Lehrerin weiterhin als **distanziert**. Er will deshalb nicht noch mehr Gefühle investieren und meint, in ihrer Gegenwart wohl nie mehr die volle Selbstachtung zurückerlangen zu können. Dessen ungeachtet kommt er mit dem Mädchen **Annemarie Schaller**, Nanni genannt, ins Gespräch, die ihm erzählt, dass sie an Ostern mit ihrem **Cousin Kurt die Drachenwand besteigen** wolle.

Zurück in Mondsee hat Veit erneut einen **Anfall**, bei dem er wieder von **schrecklichen Erinnerungsbildern** aus dem Krieg überwältigt wird. Geschwächt von dem Anfall legt er sich früh zu Bett, die im Schlaf wiederkehrenden Bilder lassen ihn aber hochschrecken. Aus dem **Gewächshaus** dringt Musik in sein Zimmer. Veit geht hinüber. Von seinem Onkel weiß er bereits, dass der Gärtner ein **Brasilienrückkehrer** ist. Er ist der einzige verbliebene österreichische Orchideenhändler und man hat ihm die deutschen Ehrenrechte aufgrund einer Aussage über den Führer aberkannt, weswegen ihm auch eine sehnlichst erwünschte Aushilfe versagt bleibt. Daher heizt er nachts den Ofen selbst nach, damit seine Pflanzen nicht erfrieren. Beim nächtlichen Gespräch am Ofen **lernt Veit den Brasilianer näher kennen.**

In der Früh ertrug ich (S. 72–84)

Morgens muss Veit erst einmal den Tratsch der Quartierfrau ertragen. Der Onkel indessen will ihn als Schreiber einspannen, doch Veit ist dafür zu unkonzentriert. Einen **Arztbesuch in Vöcklabruck** nutzt er, um Glühbirnen zu ergattern – zur großen Freude der Darmstädterin, die ihm immer wieder Einkäufe mitbringt und ihn auch gerne zum Essen einlädt. Ihr Töchterchen gedeiht gut, Veits verletztes Bein hingegen heilt langsam. Samstags sieht man im Ort die Mädchen der Kinderlandverschickung, wie sie ihre freie Zeit genießen. Mit dem Brasilianer **freundet Veit sich** bei seinen wiederholten **nächtlichen Besuchen in der Gärtnerei allmählich an.** Jener glaubt, das Schlimmste stünde noch bevor, und schwärmt von der **offenen und fröhlichen Lebensweise in Südamerika.** Sein Ziel ist es, dorthin **zurückzukehren.** Von seiner wirr vorgetragenen Lebensgeschichte bleiben bei Veit nur Bruchstücke hängen. In Brasilien habe er als Reformbiologe Vorträge gehalten, sei aber wegen der Eltern zurückgekommen. Mit seiner Mutter, die im Zimmer der Darmstädterin gelebt habe, habe er sich bis zu ihrem Tod im letzten Herbst das Heizen des Gewächshauses geteilt.

Bei einem zufälligen Treffen erzählt Grete Bildstein Veit von **(Liebes-)Briefen zwischen ihrer Schülerin Nanni** und deren **sechzehnjährigem Cousin Kurt.** Ihre Offenheit erscheint ihm als kleine Wiedergutmachung für die Kränkungen, die sie ihm zugefügt hat. Doch Veit ist sich sicher, dass Grete ihn nicht mag, und will deshalb sein Herz nicht mehr an diese Frau hängen.

Nachdem die Quartierfrau ihn am darauffolgenden Tag wegen seines späten Aufstehens gescholten hat, beobachtet Veit einen Luftkampf zwischen **deutschen Jagdfliegern** und **amerikanischen Bombern**, von denen einige abgeschossen werden. Beim nächsten Angriff stoßen die ca. 200 Bomber auf ihrem Weg zur Kugellagerfabrik Steyr kaum mehr auf **Widerstand**.

Seinen **24. Geburtstag** am nächsten Tag, am 26. Februar, begeht Veit allein. Diesen Tag hatte er sich als Grenze für ein Hochschulstudium gesetzt. Ihm wird bewusst, dass er jetzt bereits älter ist als seine Schwester Hilde bei ihrem Tod. Die Erinnerungen an sie haben ihm im Krieg geholfen, die Zeit vergehen zu lassen.

Am Freitag wurden in Darmstadt (S. 85–96)

Das Kapitel besteht aus **Briefen**, die **Margot, die Darmstädterin**, von ihrer **Mutter** erhält. Darin berichtet diese über die **Situation von Verwandten und Bekannten:** Margots 16-jährige **Schwester Bettine** absolviert ihren Reichsarbeitsdienst als Schaffnerin in Berlin und der **Vater** ist momentan in Metz stationiert. Auch in Darmstadt herrscht Mangel, die meisten Dinge sind schwer zu bekommen. Erschüttert berichtet die Mutter von dem **verheerenden Bombenangriff auf Frankfurt** und wünscht sich ein baldiges Ende des Krieges. Im Gegensatz zu den meisten Zivilisten schätzt Margots Mutter die Verhältnisse an der Front realistisch ein und weiß, dass es kaum einen schlimmeren Ort gibt. Die Mutter geht aber auch auf **vorherige Briefe** Margots ein, sodass man auch mehr von deren Situation erfährt, etwa dass sie in Mondsee friert und zu wenig Brot hat. Der Leser kann den Briefen auch entnehmen, dass Margot und ihre Mutter vor der Abreise nach Mondsee **viel gestritten** haben – was die Mutter bedauert. Wiederholt äußert sie die Sehnsucht nach Margot und ihre Hoffnung auf deren Rückkehr. Schließlich bietet sie ihrer

Tochter an, nicht nur Mutter, sondern auch Kameradin sein zu wollen, der sie jederzeit ihr Herz ausschütten könne.

Susi hat mich bei der Straßenbahn (S. 97–110)

Dieses Kapitel besteht aus **Liebesbriefen**, die **Kurt Ritler** an seine **Cousine Nanni schreibt**. Vor Nannis Abreise aus Wien konnten sie sich in ihren Zimmern per Klopfzeichen verständigen, weil die beiden Familien Nachbarn sind. In den Briefen erinnert er an **gemeinsame Erlebnisse** in Wien: an den Besuch im Prater, die Spaziergänge auf der Mariahilferstraße, den ersten Kuss. Er geht aber auch auf Briefe ein, die Nanni geschrieben hat. **Angst und Eifersucht** dringen durch. Mehrfach fragt er nach den Jungen, die Nanni erwähnt hat, und bringt seine Sehnsucht nach ihr zum Ausdruck.

Nannis Mutter macht sich indessen große Sorgen um sie. Kurt selbst ist von seiner kleinen Schwester genervt und gerät oft mit seinem Vater aneinander. In Wien wird zudem neuerdings verdunkelt und es gibt strengere Brandschutzbestimmungen.

Dann eröffnet Kurt die freudige Nachricht, dass die Eltern ihm zu Ostern eine **Fahrt zum Mondsee** erlauben, sofern er im Zeugnis kein „mangelhaft" habe. Er dürfe allerdings nur gemeinsam mit seinem Freund Ferdl kommen. In Mondsee würden sie dann zusammen die Drachenwand besteigen.

Erhard, Kurts älterer Bruder, ist für zwei Wochen auf Heimaturlaub. Er redet wenig, betrinkt sich und will nur noch unbeschadet aus dem Krieg herauskommen. Mit seiner Uniform kommt Kurt in nicht jugendfreie Filme. Den Vater ärgern die Kinobesuche – Kurt solle mehr Zeit in die Hauswirtschaft investieren.

Plötzlich werden **Kurts Briefe angespannter**. Er ist nervös, weil er seit einer Woche keine Antwort mehr bekommen hat. Der Grund: Grete Bildstein hat Kurts Briefe gelesen und es den Eltern gemeldet. Diese **verbieten** den **weiteren Kontakt**. Abermals eskaliert die Situation mit dem Vater, der seinen Sohn mit einer schallenden Ohrfeige niederschlägt. Trotzig nimmt sich Kurt vor, zur Not mit dem Fahrrad nach Mondsee zu fahren. Er bittet Nanni, zukünftige Briefe an Ferdls Adresse zu schreiben.

Wie's mir geht? (S. 111–128)

Das Kapitel enthält Briefe des **Wiener Juden Oskar Meyer**, die dieser vornehmlich an seine Cousine Jeanette schreibt, die nach Südafrika ausgewandert ist. Die Briefe erstrecken sich über einen Zeitraum von knapp drei Jahren. Sie beginnen **Anfang 1939:** Oskar wohnt mit seiner Frau Wally und seinem Sohn Georgili in der Possingergasse in Wien. Der ältere Sohn Bernili konnte nach England in Obhut gegeben werden.[17] Wegen der Namensänderungsverordnung tragen sie seit Jahresbeginn die zusätzlichen Namen Sara bzw. Israel.

Die Familie wird **aus der Wohnung gedrängt**. Zudem wird Wally ihre Tasche samt Geld gestohlen und die Nachmieterin macht ihnen das Leben schwer. Sie müssen etliche Schikanen über sich ergehen lassen und die meisten ihrer Sachen unter Wert verkaufen. Die Nachbarn in der Possingergasse nehmen an ihrem Schicksal keinen Anteil. Oskar zieht mit seiner Familie in ein **Haus mit Illegalen**, wo sie in engsten Verhältnissen leben. Sie haben kein Geld, leiden Hunger und werden draußen angespuckt. Auf der Straße müssen sie sich an den Häuserwänden entlangdrücken, das Fußballspielen auf dem Sportplatz und selbst das Fahrradfahren ist untersagt. Immer neue Verordnungen **schränken das Leben der jüdischen Bevölkerung** ein.

Wally ist angesichts dieser Situation **zunehmend lethargisch, niedergeschlagen und verzweifelt**. Anfängliche **Möglichkeiten der Ausreise** nach England oder nach Ghana haben sie **nicht genutzt**. Vor allem Wally wollte in ihrer Heimat Wien bleiben. Ein ehemaliger Arbeitskollege, den Oskar um Hilfe bittet, ist unangenehm berührt und wiegelt mit der Bemerkung ab, dass er sich da nicht einmische. Onkel Monath, der sich in ein Alters-

heim einkaufen musste, erkennt die niederträchtige Gewinn-
sucht, die hinter den ständig neuen Verordnungen steckt.

Wie schlimm es werden würde, lag außerhalb ihrer Vorstel-
lungskraft. Nicht nur die **fehlenden finanziellen Mittel** er-
schweren die Ausreise, sondern auch die bürokratischen Hinder-
nisse mit **immer wieder neuen Bestimmungen**. Mittlerweile
müssen sie einen gelben Stern tragen. Hatten sie anfangs das Gefühl, dass man sie aus dem Land ekeln wolle, so stellen sie mit
dem erlassenen Ausreiseverbot nun fest, dass man sie nicht mehr
gehen lässt. Als Oskar die Weisung erhält, sich in Arbeitskleidung
in einem Sammellager einzufinden, und zwei Tage später beobachtet, wie die Nachbarfamilie Weiss abgeholt wird, entschlie-
ßen sie sich zur **Flucht nach Ungarn**. Dort lebt Oskars Bruder
István in einem Elendsquartier. Onkel Monath, der nun alleine
zurückbleibt, gibt ihnen Geld für den Fluchthelfer. Nach einem
tränenreichen Abschied fliehen Oskar, Wally und Georgili über
Bruck an der Leitha und Halbturn **in Richtung Ungarn**.

Den ganzen Tag Schneegestöber (S. 129–146)

Ab diesem Kapitel wird wieder aus **Veits Perspektive** erzählt:
Noch einmal zeigt sich der Winter mit Schnee und Kälte. Veit
verbringt den Vormittag im Bett und beschäftigt sich mit Post. Er
beantwortet den ihn beklemmenden Brief **eines ehemaligen
Beifahrers** aus dem eingekesselten Tarnopol und schreibt wider-
willig an seine Eltern.

Damit die Darmstädterin etwas gegen den wunden Po ihres
Kindes unternehmen kann, leiht Veit ihr seine Höhensonne, die
er wegen seiner Gesichtsverletzung von den Ärzten bekommen
hat. Überglücklich erzählt sie das der Quartierfrau, die wegen des
höheren Stromverbrauchs von Veit prompt mehr Geld verlangt.
Die Quartierfrau ist für die Darmstädterin deshalb ein „dunkler
Mensch". Die Einladung der Zimmernachbarin zum Abendessen
schlägt Veit aus.

Veit besucht jetzt **auch tagsüber den Brasilianer**. Mittlerweile **mag Veit dessen unangepasste Art**, doch die immer gleichen Lobeshymnen auf Brasilien langweilen ihn. Der Brasilianer erzählt, dass sich seine – früher liebenswerte – Schwester (Veits Quartierfrau) unter dem Einfluss ihres Mannes, des Lackierermeisters Dohm, zum Negativen hin verändert habe. Er steigert sich in eine **Schimpftirade gegen Hitler und andere Nationalsozialisten** hinein. Veit gesteht sich ein, dass die Partei die Sinngebung seiner Jugend gewesen sei und er sich von dem Gedanken, dass der Führer ein großer Mann sei, noch nicht in Gänze lösen könne. Er ermahnt den Brasilianer, vorsichtiger zu sein.

Zu Hildes Geburtstag am 11. März zündet Veit in der Kirche von Mondsee eine Kerze an. Eine Woche später, am Tag der Wehrmacht, gerät er **mit der Quartierfrau** in einen **Disput über die „Volksgemeinschaft"**. Auf dem Rückweg einer zunächst wohltuenden Wanderung am See steigen wieder die Gedanken von der verlorenen Zeit in ihm auf. Am Ufer hat er erneut einen **schweren Anfall**. **Nanni** taucht neben ihm auf und steht ihm bei. Auf ihr Geständnis, in Kurt verliebt zu sein, antwortet Veit, dass Verliebtsein etwas Schönes sei. Nanni gibt Veit einen Brief ihrer Mutter zu lesen und bittet ihn, in einem Brief an diese **für ihre Liebe Partei zu ergreifen**. Aber Veit will sich nicht einmischen. Enttäuscht wirft Nanni den Brief in Richtung See und macht sich von dannen.

Das Ende des Kapitels bildet der **Brief von Nannis Mutter**. Sie wirft ihrer Tochter vor, mit ihrem „schamlosen" Verhalten nicht nur ihren eigenen Ruf ruiniert zu haben, sondern auch den ihrer so gütigen Mutter zu gefährden. Sie ist sich mit Kurts Mutter einig, dass die Schuld bei Nanni liegt. Ihre Vorwürfe verbindet sie mit der Order, dass Nanni nun der Lehrerin **Gehorsam zu leisten** habe, um so einen Teil der Schuld abzutragen. Falls sie sich nicht ändere, werde sie – so droht die Mutter – ihr Zuhause nicht mehr betreten dürfen und in eine Anstalt kommen.

Der März war ungewöhnlich (S. 147–162)

In der Karwoche lässt Veit sich beim Gemeindearzt ein letztes Mal die **Wunde am Oberschenkel** ätzen. Gegen Veits nervöse Anfälle verschreibt dieser ihm **Pervitin**. Der Brasilianer hat indessen in der Osterzeit sehr viel Arbeit.

Am Dienstag sieht Veit **Nanni ein letztes Mal**. Auf dem Fahrrad fährt sie traurig an ihm vorbei. Am Gründonnerstag verbreitet sich die Meldung **von ihrem Verschwinden** wie ein Lauffeuer. Die Annahmen, Kurt habe etwas damit zu tun bzw. Nanni wolle sich nach Wien durchschlagen, bestätigen sich nicht. Da der Onkel jetzt öfter einen Schreiber braucht, weiht er Veit in die **Ermittlungen** ein: Nanni hat Zahnschmerzen simuliert, ist jedoch nicht zum Zahnarzt, sondern zum Bahnhof von St. Lorenz gefahren, ihr Gepäck hat sie im Lager zurückgelassen. Der **Onkel folgert**, dass sie **davongelaufen** ist. Für ihn ist der Tabakmangel das größere Übel.

Acht Tage nach Nannis Verschwinden kommt deren **Mutter** unangemeldet nach Mondsee. Das **Gespräch zwischen ihr und dem Onkel** tippt Veit als Schreiber in die Maschine. Nannis Mutter erzählt unter anderem von Nannis Frühreife und der eigenen schwierigen Situation als Alleinerziehende. Im Unterschied zum Onkel geht die Mutter nicht davon aus, dass Nanni sich herumtreibt. Nach der abrupten Beendigung des Gesprächs versucht er noch die verweinte Frau mit einigen Floskeln zu beruhigen, scheint damit aber zu scheitern. Zwei Tage später reist sie ab.

Am Abend der Abreise hat Veit wieder einen **Anfall** und nimmt sein erstes Pervitin. Ob ihn das Medikament beruhigt oder die Stimme der Darmstädterin von nebenan, bleibt ihm unklar.

Der Elternbesuchstag (S. 163–174)

Die beiden darauffolgenden Tage ist **Elternbesuchstag**. Die Eltern der Lagermädchen werden in Privathaushalten einquartiert, u. a. beim Brasilianer und bei der Quartierfrau. Die Mädchen sind bei der Ankunft sehr aufgeregt, unter den Müttern herrscht wegen der ungeklärten Umstände um Nanni und aufgrund von Gerüchten **große Verunsicherung**, die sie aber vor ihren Kindern zu verbergen versuchen. Zwei Mütter fragen sich, ob für ihre Töchter die zu erwartenden Bombenangriffe auf Wien oder die Situation in Schwarzindien gefährlicher seien.

Mädchen eines Lagers im Rahmen der Kinderlandverschickung

Nach dem Elternbesuchstag trifft Veit zufällig Grete Bildstein. Seine Dürre und farblose Haut, auf die sie ihn am Ende des Gesprächs über Belanglosigkeiten anspricht, führt er nicht auf mangelnde Ernährung, sondern auf die Jahre im Krieg zurück.

Auch die **zwangsverpflichtete Polin Joanna** klagt ihr Leid: Sie habe nichts vom Leben und mit nun bald 24 Jahren sei schon zu viel ihres jungen Lebens vergeudet.

Im Unterschied zum Onkel geht Veit nicht davon aus, dass die Rote Armee trotz ihrer momentanen Erfolge vor den Toren Deutschlands gestoppt werden wird. Er verurteilt die Haltung derjenigen, die sich großspurig zum Kriegsverlauf äußern, aber die Verhältnisse an der Front gar nicht kennen. Der Onkel wechselt das Thema und nachdem Veit auf Nachfrage erklärt hat, an

Grete Bildstein kein Interesse mehr zu haben, liest Veit einen von Kurts an Nanni gerichteten Briefen, die der Onkel vom Briefträger erhalten hat. Im Fall Nanni gibt es derweil nichts Neues.

Zum „Führergeburtstag" nötigt die Quartierfrau Veit dazu, die Fahnenstange aufzustellen. Er isst bei der Darmstädterin zu Abend. Sie stellen fest, dass sie beide in Mondsee sind, weil es ihnen bei den Eltern nicht gefallen hat. Veit erzählt, dass er in acht Wochen wieder auf „**Verwendungsfähigkeit**" geprüft werde.

Am nächsten Tag beobachtet Veit, wie ein Oberstammführer mit einer Rede versucht, die Kinder weiter zu **indoktrinieren**.

Im Gegensatz zu den Durchhalteparolen vieler erwartet der Brasilianer die baldige Invasion im Westen. Den Mädchen gegenüber äußert er sich **NS-kritisch:** Man dürfe die „Rasse" nicht zur obersten Kategorie erheben. Drei Tage nach dem „Führergeburtstag" **zweifelt** der Brasilianer im *Schwarzen Adler* in aller Öffentlichkeit die **psychische Gesundheit des Propagandaministers Goebbels an**. Zusätzlich kritisiert er Hitler und diskreditiert die Herrschenden als „Missgeburten".

Der Brasilianer wurde nicht über Nacht (S. 175–187)

Veit beobachtet durch das Fenster, wie beim **Gewächshaus** ein feister und ein dünner **Gestapo-Mann** aus einem dunklen Peugeot steigen. Letzterer schlägt die heranlaufende Hündin nieder, der andere packt den Brasilianer am Arm und sie gehen ins Haus. Als sie wieder herauskommen, hat der Brasilianer ein Wäschebündel dabei und die halbe Nachbarschaft ist auf der Straße. Veit in Uniform wagt die Frage, was das denn werde, und bekommt die höhnische Antwort, dies sei eine tadellose Verhaftung. Eingeschüchtert hält Veit sich nun zurück. Der Brasilianer wirft Veit seinen Schlüssel zu – er solle sich um die Tomaten kümmern. Barsch weist der Feiste den Brasilianer zurecht. Dieser antwortet gewitzt, aber abschätzig und wird **mit voller Wucht niedergeschlagen**. Die Polizisten **schleifen den reglosen Körper in den Wagen** und **fahren davon**. Veit ist geschockt.

Am späten Nachmittag erklärt ihm sein Onkel, er wisse über die Verhaftung weniger als Veit – die Anzeige sei über Linz gelaufen. Verhalte sich der Brasilianer einsichtig, werde er wegen seiner Bemerkungen wohl **sechs Monate in Haft** bleiben; ansonsten könne ihm auch Schlimmeres drohen.

Veit geht in den Gasthof *Neue Post*, um sich zu betrinken. Hier wird rege über die Verhaftung des Brasilianers diskutiert – mit dem Ergebnis, dass dieser mit seinen leichtfertigen Aussagen selbst schuld sei. Wieder zu Hause grübelt Veit, ob er sich um die **Gärtnerei kümmern** soll. Einerseits würde er sich gerne drücken, andererseits stellt er sich die Frage, ob der Brasilianer nicht so etwas wie sein Freund sei. Später, als es längst dunkel ist, **zertrümmert** jemand **einige Glasscheiben der Gärtnerei**. Veit vertreibt die Randalierer und begutachtet am nächsten Morgen den Schaden. Der Onkel zeigt bei der Tatortbegehung **wenig Interesse** an dem beschädigten Gewächshaus. Er lamentiert lieber über die eigene Situation. Schließlich fragt er Veit nach dessen **Beziehung zum Brasilianer**, denn das Dorf rede schon. Der Onkel ermahnt ihn zudem, darauf zu achten, dass die Zigarren, die der Brasilianer gehortet habe, nicht in falsche Hände geraten.

In den Folgetagen hat Veit viel zu tun, weil er sich um die **Reparatur des Gewächshauses** und das **Gemüse zu kümmern** beginnt. Für die Bewilligung neuer Glasscheiben argumentiert er beim Ortsgruppenleiter, dass er mit den Tomaten zur Versorgung im Ort und der verschickten Kinder beitragen würde. Als er alles Material beisammenhat, setzt er das Gewächshaus instand. Die Darmstädterin unterstützt ihn und erntet überfällige Gurken.

In den Dschungeln Schwarzindiens (S. 188–199)

Die Mädchen, die Tomaten vom Gewächshaus abholen, sind genervt, weil im Lager die ganze Aufmerksamkeit der verschwundenen Nanni gilt und es nun eine intensivere Aufsicht gibt. Währenddessen wartet der **Brasilianer im Linzer Polizeigefängnis auf seinen Prozess**. Über seinen Anwalt bittet er Veit um die

Aufrechterhaltung seines Betriebes. Bald hält Veit die **Vollmacht** dafür in den Händen – ausgestellt auf die Darmstädterin, weil die Situation Veits nach wie vor ungewiss ist. Der Mai wird für Veit eine Zeit der **harten körperlichen Arbeit** und der **Sorge um die Gärtnerei**. Als gelernte Versicherungskauffrau erledigt die Darmstädterin alles Geschäftliche. Wenn sie mit dem Handwagen die Gaststätten mit Tomaten beliefert, kümmert sich Veit um ihr Töchterchen Lilo. Die Wehrmacht ist indessen weiter auf dem Rückzug.

An einem Abend beim Essen erzählt Margot Veit die **Geschichte ihrer Heirat:** Ludwig habe wie viele andere junge Soldaten einen Zettel mit seiner Feldpostnummer aus dem Frontzug geworfen. Nach dreimonatigem Briefwechsel hätten sie sich getroffen. Sie habe im Bett nicht mehr aufgepasst und ihn dann bei der nächsten Gelegenheit geheiratet. Nun aber glaubt sie, dass das ein Fehler war.

Eines Abends sagt die Darmstädterin im Gewächshaus zu Veit, sie sei **gerne mit ihm zusammen,** woraufhin er entgegnet, dass es ihm **genauso ginge**. Er realisiert, dass sie, obwohl sie sich außerhalb der Arbeit bisher nicht berührt haben, wohl schon **länger ein Paar** sind. Den Tag darauf nehmen sie sich frei. Sie wandern nach St. Lorenz in ein Wirtshaus, essen Kuchen und trinken Wein. Anschließend kommt es zum ersten Kuss. Auf dem Heimweg erzählt Veit auf Margots Bitte hin vom Krieg. Veit bekennt, alles gesehen zu haben, was niemand sehen wolle, und bedauert, vieles **nicht mehr rückgängig machen zu können**.

Da ich keine Beziehungserfahrung (S. 200–215)

Veit, der keine Beziehungserfahrungen hat, lernt in wenigen Tagen alles, was in diesem Punkt für ihn wichtig ist, und erlangt ein nie zuvor da gewesenes **Selbstbewusstsein**. Margot ist gerne mit ihm zusammen, hört ihm zu und versucht nicht, ihn zu erziehen. Sie gibt ihm zu verstehen, dass sie auch mit dem Sex zufrieden ist, ohne den sie sich eine funktionierende Beziehung nicht vorstellen könne. Zusammen verbringen sie im Juni **glückliche Tage im Hier und Jetzt**. Veit fühlt sich geborgen.

In einem Brief vom Anwalt erfahren sie, dass der **Brasilianer wegen „falschem Denken"** und **„unterlassenem Schweigen"** zu **sechs Monaten Zuchthaus** verurteilt wurde. Unterdessen wird Rom befreit und die Alliierten landen in der Normandie.

Beim Reichssportwettkampf der Mädchen begegnet Veit zum ersten Mal dem Mann der Quartierfrau, dem **Lackierermeister Dohm**. Seit gestern auf Urlaub, erscheint er mit Motorrad und SS-Uniform. Er schreitet die Reihen der Mädchen ab, hält eine Ansprache, beginnt ein „Herrengeplauder" mit Veit und fährt dann wieder. Veit empfindet ihn nicht als unsympathisch.

Der Onkel indessen weiß im Fall Nanni immer noch nichts Neues und geht weiter davon aus, dass sie davongelaufen ist.

Als Margot das Kind vom Wickeltisch fallen lässt, bekommt Veit erneut einen Anfall, gegen den er wieder Pervitin nimmt. Begünstigt werden die zunehmenden Ängste dadurch, dass die **Prüfung seiner Verwendungsfähigkeit** näher rückt.

Margot empfindet es weiterhin als Fehler, Ludwig geheiratet zu haben – auch weil es im Bett nicht gut geklappt habe. In einem Brief aus Wilna schreibt dieser vom gefallenen Bruder und gibt Erziehungstipps für die Tochter. In Mondsee wird die Beziehung zwischen Veit und Margot derweil **missbilligend** betrachtet.

An einem der Junitage geht **Dohm** zur neuerdings schielenden **Hündin des Brasilianers**. Zu spät merkt Veit, was geschehen wird: Dohm erschießt das Tier. Veits Beschwerde kontert dieser mit dem Befehl, er solle Haltung annehmen, was Veit prompt tut. Veit und Margot begraben die Hündin.

In der Früh packte ich (S. 216–229)

Veit fährt mit der Bahn **Richtung Wien**, weil seine medizinische **Untersuchung** ansteht. Der Zug ist übervoll, dennoch fühlt er sich allein. Erst jetzt wird ihm das Glück der letzten Wochen bewusst. Daheim verkündet der Vater weiter Durchhalteparolen, seine Zuversicht hat aber Kratzer bekommen. Veit geht darauf jedoch nicht mehr ein, was den Vater noch mehr ärgert. Nach einem Besuch von Hildes Grab erscheint Veit zum Arzttermin in der Kaserne. Er hat wegen der aktuellen Kriegslage kaum Hoffnung auf eine erneute Zurückstellung. Entsprechend schreibt ihn der Arzt **feldtauglich**. Nach Veits Beschwerde wird ihm aber letztlich ein **Termin beim Facharzt** bewilligt. Zur Beruhigung nimmt er wieder Pervitin. Im Treppenhaus in der Possingergasse trifft er den Hupferl Gmoser, der – wie Hilde – schwindsüchtig ist. Veit erinnert sich, wie dieser früher beim Fußballspielen hinter dem Zaun gestanden hat. Außerdem entsinnt sich Veit, am Tag vor Hildes Tod zu ihr gerufen worden zu sein und ihre offenen Fingerspitzen als unangenehm empfunden zu haben, als sie sein Knie streichelte. Zum Abschied legt er Hupferl zart eine Hand hinters Ohr. Zurück in der elterlichen Wohnung schreibt Veit einen Brief an Margot. Darin äußert er seine **Ängste bezüglich seiner näheren Zukunft** und beendet erstmals in seinem Leben einen Brief mit einer Liebeserklärung. Als sein Vater vom Kampf bis zum Letzten schwadroniert, verlässt Veit den Raum.

Beim **Facharzt** prallt zunächst alles ab, was Veit vorbringt. Doch als Veit klagt, durch den Krieg viele Jahre verloren zu haben und trotz hervorragenden Schulabschlusses noch nicht an der Universität zu sein, spürt Veit Verständnis beim Arzt. Wenig später bricht er wegen Veits Bemerkung, dass es immer so umständlich und langweilig beim Preußen sei, in schallendes Gelächter aus. Schließlich schreibt der Arzt Veit erneut **felduntauglich** – mit der Auflage, sich alle acht Wochen in Vöcklabruck begutachten zu lassen. Vom Antrag auf einen Studienplatz rät der Arzt ihm aber ab.

Wieder in Mondsee wird Veit freudig von Margot empfangen.

Ich bin noch immer ganz verwirrt (S. 230–244)

Dieses Kapitel besteht wieder aus **Briefen von Kurt**. Er schreibt postlagernd an Nanni. Er erzählt, wie verwirrt er wegen ihres Verschwindens ist und dass seine Eltern mit ihm hart umgehen. Mehrmals entschuldigt er sich für sein Ausbleiben an Ostern – er sei zu einem Lehrgang nach Kledering beordert worden, um Ballistik und Flugzeugerkennung zu lernen. Nun ist er bei den **Horchern in Schwechat**, wo der Schulunterricht in der Batterie stattfindet. Wenn er allein in seiner Dunkelkammer am Horchgerät sitzt, träumt er vom Kontakt zu Nanni. Einer der nun zunehmenden **Luftangriffe** hat große Schäden hinterlassen, er selbst sei nur **knapp entkommen**.

Zu Hause hat Nannis Mutter eines Nachts aus **Einsamkeit** seine Klopfzeichen erwidert. Seitdem verstehen sie sich wieder besser, während das Verhältnis zur eigenen Mutter abgekühlt ist.

Darüber hinaus schreibt Kurt an Nanni, dass er **große Sehnsucht** nach ihr habe und nicht verstehe, warum sie ihm nicht antworte. Während ihre Mutter bereits befürchtet, sie sei tot, hat Kurt noch Hoffnung auf einen guten Ausgang.

Der Abschied von Wien (S. 245–263)

In diesem Kapitel berichtet Oskar Meyer in Briefen vom Leben der Familie in Budapest. Sie wohnen in **ärmlichen Verhältnissen** bei seinem Bruder István. Aber das sei egal, hier könnten sie wieder frei atmen und leben. Er selbst lernt fleißig Ungarisch und hält die Familie mit Handlangerjobs über Wasser, während Georgili gesundheitliche Probleme hat. Der **Einmarsch der deutschen Truppen** im Frühjahr 1944 ändert alles. Zur Arbeit zu gehen, ist nun zu gefährlich. Die Erzählung eines Polen, dass in seinem Land Arbeitsunfähige ins Gas kämen, klingt für Oskar aber übertrieben. Als sich dann auch noch sein Bruder einer Arbeitsbrigade anschließt, wird es immer schwieriger, über die Runden zu kommen. Am 16. Juli 1944 machen sich Wally und Georgili auf den Weg in die Sonntagsschule, wo sie aber nie ankommen. Verzweifelt und allein bleibt Oskar zurück. Er erinnert sich an zwei schöne Momente mit Wally, seine Briefe enden jedoch mit hoffnungslosen Worten.

Das Kapitel schließt mit einem Brief an Jeanette, verfasst von ihrem Onkel Milch Sándor: Oskar sei verschollen und Wallys und Georgilis Aufenthaltsort kenne er nicht.

Wie ich in der Lebenszeichenkarte (S. 264–278)

In mehreren Briefen berichtet **Margots Mutter** von der **Zerstörung Darmstadts** durch eine **verheerende Bombardierung**. An die 20 000 Tote soll es gegeben haben. Sie erzählt, wie es ihr sowie **Verwandten und Bekannten** ergangen ist. Ihr Haus steht noch, aber fünf ihrer Geschwister sind ausgebombt. Alles ist verrußt und überall liegen verkohlte Leichen. Kläre habe ihre tote Mutter hinter sich her geschleift, bis sie wegen des Feuers habe loslassen müssen, und liege nun mit Verbrennungen im Lazarett. Tante Emma und Onkel Georg sind tot, Tante Helen und Helga werden vermisst. Onkel Ernst sucht den ganzen Tag nach ihnen. Margots Vater hat wegen der Bombardierung fünf Tage Heimaturlaub bekommen.

Darmstadt nach der schweren Bombardierung am 11./12. September 1944

Die **Inhalte** der Briefe **wiederholen sich**. Zu Beginn beklagt sich die Mutter, schon lange keinen Brief mehr von Margot erhalten zu haben. Dann wiederum spielt sie auf ältere Briefe ihrer Tochter an, wo sie auf das Unwetter am Mondsee, auf Margots Läuse und auf die Verhaftung des Brasilianers eingeht und nach dem Wiener Soldaten fragt. Darüber, dass ihre Töchter ständig etwas geschickt haben wollen, wundert sie sich angesichts des Umstands, dass es doch in Darmstadt keine Läden mehr gäbe.

In der zweiten Juliwoche (S. 279–292)

Der Text kehrt wieder zu **Veits Geschichte** zurück:

Die **Liebe zu Margot** hat die Geschehnisse des Krieges von Veit ferngehalten, doch das Attentat auf Hitler vom 20. Juli 1944 rüttelt ihn auf. Mit Margot läuft es gut und Veit träumt sogar von einem **normalen Leben** mit gemeinsamen Kindern. Der Onkel erzählt Veit, dass im Dorf über ihn und Margot geredet werde: Veit drücke sich in Margots Bett vor dem „Feld der Ehre". Veit und Margot versuchen daher, sich unauffällig zu verhalten. Sie arbeiten weiter in der Gärtnerei, in der die Tomaten wegen einer Hitzewelle im August gut gedeihen. Um seinen Onkel macht Veit sich Sorgen, weil dieser seit drei Wochen sehr krank ist.

Die Quartierfrau hat wegen des Attentats und der schlechten Kriegsnachrichten zunehmend **schlechte Laune**. Zudem musste sie die Zwangsarbeiterin abgeben.

Als Margot eines Tages beim Sammeln von Heidelbeeren länger ausbleibt, ereilt Veit, der sich den Tag über um Lilo gekümmert hat, wieder eine **Panikattacke**.

Mitte August kehren die landverschickten Mädchen von einem dreiwöchigen Urlaub ins Lager zurück. Lehrerin Bildstein erzählt Veit von ihren Problemen: Eltern haben sich beschwert, dass ihre Kinder unzureichend lernen würden.

Per Zufall hören Margot und Veit im Radio von der **Bombardierung Darmstadts**. Es werden Tage der Tränen für Margot. Aus einem Brief ihrer ehemaligen Arbeitskollegin Kläre erfährt sie Einzelheiten der Zerstörung. Margots Lächeln kehrt erst zurück, als sie eine Kohlmeise aus einem Fliegengitter befreit.

Aus dem Misthaufen stieg Rauch auf (S. 293–303)

Im September kehrt der **Brasilianer aus der Haft zurück**. Ihm ist auf Betreiben des Ortsgruppenleiters ein Drittel der Haftzeit erlassen worden. So ist noch Zeit zum Anpflanzen von Wintergemüse, das die verschickten Mädchen ernähren soll. Sowohl die **körperliche** als auch die **psychische Verfassung des Brasilianers hat sich verschlechtert**. Er wirkt nervöser, schwächer und unbeholfener als früher. Er erzählt Veit von alltäglichen **Folterungen** und regelmäßigen Todesfällen im Zuchthaus. Für das Begraben der Hündin bedankt er sich. Solch menschliche Handlungen seien in einer Zeit der Umwertung der Werte keine Selbstverständlichkeit mehr. Den Verhältnissen hierzulande hält er das **Idealbild vom freien Leben in Brasilien** entgegen, seinem Sehnsuchtsort, den er irgendwann wiederzusehen hofft. Außerdem ereifert er sich über Trude und den Lackierermeister, durch dessen Einfluss sein Elternhaus zugrunde gegangen sei.

Einmal nötigt Margot den Brasilianer zum Babysitten, um mit Veit zu schlafen. Der Brasilianer brennt währenddessen die Inschrift *Klein Brasilien* in seinen Zaun.

Seit sich der Rückkehrer wieder um die Gärtnerei kümmert, hat Veit kaum noch etwas zu tun, was ihm aber unangenehm ist. Es kommt hinzu, dass der Tag, an dem er in Vöcklabruck hätte vorstellig werden müssen, schon seit sechs Wochen vorüber ist.

Den Onkel traf ich im Freien (S. 304–317)

In Mondsee sind inzwischen Flüchtlinge in Baracken untergebracht. Einen Mann, der gegen die Flüchtlinge Beschwerde einlegen will, blockt der Onkel geschickt ab. Dieser klagt über zu viel Arbeit, von der Veit in der Amtsstube aber nichts bemerkt. Zudem macht dem Onkel die **Rationierung der Zigaretten** zu schaffen, auch wenn der Arzt dazu rät, das Rauchen aufzugeben. Der Onkel erzählt, dass er nach dem Ersten Weltkrieg wie Veit Angstzustände gehabt habe, diese aber wieder vorbeigegangen seien. Gegen Ende des Besuchs spricht er eine **Warnung für den Brasilianer** aus, gepaart mit einem Angebot: Falls dieser einen Abnehmer für seine Zigarren bräuchte, solle er ihn informieren.

Bei Margot wiederum tauchen **verquere Briefe von ihrer Mutter** auf, in denen sie mehrfach von den **Toten in Darmstadt** berichtet. Weil ihre Mutter die Dinge, die Margot erbeten hat, nicht schickt, ist sie schlechter Laune. Da platzt die **Quartierfrau** ins Zimmer. Auf ihren Vorwurf, **sich vor dem Krieg zu drücken**, reagiert Veit harsch. Aufgrund der zunehmenden Unberechenbarkeit der Quartierfrau beschließt Veit, im Vöcklabrucker **Krankenrevier seine Papiere in Ordnung zu bringen.** Dort trifft er auf ein unbesetztes Schreibbüro und entwendet zwei **unbeschriebene**, aber **abgestempelte Bögen Papier.** Fluchtartig verlässt er wieder die Kaserne, aufgewühlt ob dieser lebensgefährlichen Aktion. Wieder in Mondsee fantasiert er gegenüber Margot, dass niemand mehr an der Front wäre, wenn auch Männer Kinder bekommen könnten, denn alle würden sich schwängern lassen, um so nicht am Krieg teilnehmen zu müssen.

Abermals in der Amtsstube des Onkels nutzt Veit dessen Abwesenheit dazu, auf der Schreibmaschine mithilfe der entwendeten Bögen **seine Zurückstellung zu fälschen.** Der Onkel kehrt mit der Nachricht zurück, man habe die **Leiche von Nanni Schaller** gefunden.

Die Leiche des Mädchens Annemarie Schaller (S. 318–329)

Im Polizeibericht legt der Onkel dar, dass Nanni Schaller seiner Ansicht nach **an der Drachenwand etwa 250 Meter in die Tiefe** gestürzt ist. Sowohl Fremdverschulden als auch Suizid schließt er aus. Der Leichenfund erschüttert die Menschen in Mondsee und vor allem die Mädchen im Lager. Veit erinnert sich an die Besonderheit Nannis, die zwar **unvernünftig**, aber **selbstbestimmt** gewesen war, und denkt beschämt daran, wie er ihr die Bitte, ihr mit einem Brief zu helfen, abgeschlagen hatte. Bei der **Be-**

erdigung legen die Lagermädchen in Uniform ein gedrilltes Verhalten an den Tag und vergießen – im Gegensatz zu Nannis Mutter, Kurts Schwester und Margot – keine Träne. Mit den Worten des Pfarrers, der von der Erlösung durch den Tod spricht, kann Veit wenig anfangen, mit seinem Gleichnis des im Dreck steckenden Lebenskarrens, das für Veit einen regimekritischen Unterton hat, aber schon. Nach der Beerdigung kehren Veit, Margot und der Brasilianer in ein Gasthaus ein, wo Letzterer Schwierigkeiten hat, sich angesichts des dortigen Kriegsgeredes zusammenzureißen.

Es ist immer noch hell genug zum Schreiben (S. 330–340)

Während Lilo erste Gehversuche macht, schreibt Margot fleißig Briefe an ihre Mutter und an ihren Mann, demgegenüber sie die Existenz Veits verschweigt. Trotz der Unkenrufe seiner Kameraden glaubt Ludwig an ihre Treue.

Zu Allerheiligen taucht **Dohm** auf. Seine **ideologischen Ansichten** passen nicht so ganz zu den Nachrichten vom Kriegsgeschehen und dazu, dass er im Keller schon Waren für die Zeit nach dem Krieg hortet. Bereits am zweiten Tag **geraten er und der Brasilianer**, dem Veit in der Gärtnerei aushilft, wegen der erschossenen Hündin **in Streit**. Kurz nach einem Anfall, den Veit mit Pervitin bekämpft, **eskaliert** eine der **Streitigkeiten** so sehr, dass Dohm dem Brasilianer, der ihn und die Nationalsozialisten heftig beleidigt, seine Pistole an den Kopf hält. Nach der Auseinandersetzung **übergibt** der Brasilianer im Wissen, dass ihm wieder die Festnahme droht, **seine Schlüssel an Veit** und verrät ihm das Versteck der gehorteten Zigarren. Dann **verschwindet** er **aus Mondsee**.

Ich schaute mich in den Zimmern um (S. 341–355)

Vorsorglich holt Veit die **Zigarrenkisten aus dem Versteck** und verstaut sie in Margots abschließbarem Koffer. Die darin befindliche **Pistole**, die Ludwig ihr anvertraut hatte, gibt sie Veit.

Kurz vor seiner Abreise entschuldigt sich Dohm bei Veit für seine impulsive Art und bittet ihn, mit seiner Frau nachsichtig zu sein. Unterdessen werden im Haus des Brasilianers **Flüchtlinge einquartiert**, die auch die Gärtnerei übernehmen.

Der Onkel stößt bei Veit mit der Sorge, zum **Volkssturm** einberufen zu werden, auf wenig Mitleid, denn für ihn sind die einzigen Unschuldigen die eingezogenen Kinder. Veit deutet an, dass jener mit diesem Krieg kein Problem habe, solange er bequem auf seinem Posten sitzen könne. Der erboste Onkel erinnert ihn daran, dass Veit selbst lange Teil dieses Krieges gewesen sei, was diesem auch schmerzlich bewusst wird.

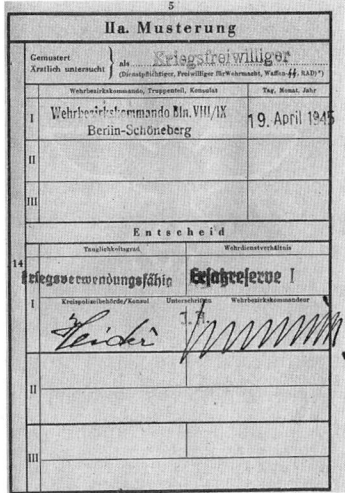

Musterungsentscheid eines 1945 zum „Volkssturm" einberufenen Jugendlichen

Am 9. November bringt Veit auf Bitte seines Onkels ein Paket mit Nannis Sachen zum Gasthaus *Schwarzindien*. Dort errötet die sonst so kontrollierte Lehrerin Bildstein, als sie ihn sieht. Sie erzählt, dass das Lager aufgelöst werde, mitunter auch, weil man mit ihren Fähigkeiten nicht zufrieden sei. Unter anderem wegen getrockneter Tomatenstücke auf ihrem Teller vermutet Veit, dass der **Brasilianer im Gasthaus Unterschlupf** gefunden hat.

Bald ein ganzes Jahr (S. 356–369)

Ende November trifft aus **Wien** eine **Beorderung** ein: Veit habe sich binnen einer Woche dort in der **Kaserne einzufinden**. Das macht ihn zunehmend gereizter. Zudem hat sich eine gewisse Tablettenabhängigkeit eingestellt.

Der Onkel wartet auf der Straße den Umzug der Lagermädchen nach Mondsee ab. Er ist gut gelaunt, weil er wegen seiner Atemnot vom Volkssturm befreit worden ist. Er verrät Veit, dass er gleich eine **Verhaftung** durchführen werde – mehr sagt er darüber aber nicht. Zu Hause **begreift Veit die Lage:** Der Onkel hat den Durchmarsch der Mädchen abgewartet, um im nun leeren Gasthaus in Schwarzindien den **Brasilianer verhaften** zu können. Veit schluckt vorsorglich ein Pervitin und macht sich mit der Pistole auf den Weg dorthin. Zunächst versteckt er sich gegenüber dem Gasthaus. Der Amtshelfer und der Onkel kommen heraus. Ersterer scheint am Ohr verletzt und fährt mit dem Motorrad Richtung Arzt davon, während der Onkel wieder hineingeht. Veit schleicht sich in den Vorraum und erblickt den Onkel sowie den jämmerlich aussehenden Brasilianer. Mit der Pistole in der Hand betritt Veit den Gastraum. Der Onkel bedeutet ihm, wieder nach Hause zu gehen – es sei schon genug Unheil angerichtet. **Veit erschießt ihn.** Mit dem Brasilianer **versteckt** er die Leiche draußen **notdürftig**, bevor sie auf unterschiedlichen Wegen im Dunkel der Nacht verschwinden. Als Veit am nächsten Morgen bei Margot auftaucht, weiß sie bereits vom Tod des Onkels. Sie scheint etwas zu ahnen, doch Veit schweigt und sie fragt nicht weiter nach.

Es sind vom Eichbaumeck (S. 370–383)

Dieses Kapitel enthält wieder einige **Briefe von Margots Mutter.** Sie reichen bis kurz vor Weihnachten. Darin schreibt sie, dass seit dem Bombenangriff viele Briefe Margots durcheinander angekommen seien. So hat sie auch von Nannis Tod erfahren und weiß, dass Margot ihren Mann nicht mehr liebt. Sie berichtet von Margots Vater und von Bettine. Der Vater scheint sich verändert zu haben, er schreibt weinerliche Briefe und befürchtet, dass der Krieg verloren gehen könne. Margots Mutter erzählt auch vom **Tod einer ehemaligen Arbeitskollegin Margots** sowie von Käta, die eines natürlichen Todes gestorben sei. Der größte Teil

ihrer Briefe besteht allerdings aus **Klagen:** Klagen über das Alleinsein, über ihre kranken Beine, über die Abwesenheit ihrer Töchter,
über die zunehmende Angst, zu Hause zu sein, und immer wieder über die fordernden Töchter, die nicht auf sie hören wollten.

Die Sache ging sehr rasch (S. 384–398)

Dieses Kapitel beinhaltet **Briefe von Kurt**, die er von Herbst bis
kurz vor Weihnachten an seinen **Freund Ferdl** schreibt. Kurt ist
mittlerweile **als Rekrut eingezogen** und in **Hainburg** (etwa 45
Kilometer östlich von Wien) stationiert. In den ersten Briefen fragt
er, wo wohl Nanni sei, und erzählt vom ersten Kuss und von der
Natürlichkeit Nannis, die sich von anderen abhebe. Das Rekru-
tenleben in der Kaserne empfindet er als hart, stumpf und sinnlos. Als er von **Nannis Tod** erfährt, ist er **geschockt**.

Die Rekruten errichten ein Lager für Zwangsarbeiter. Immer
wieder sieht Kurt Flüchtlinge gen Westen ziehen. Auch sei ein
nervöser und elend aussehender Soldat da gewesen und habe
seine **Briefe an Nanni zurückgebracht**.

Die letzten Briefe Kurts stammen nicht mehr aus Hainburg,
denn er marschiert nun mit seiner Einheit **Richtung Schlesien**,
an die Front. Vorsichtshalber verrät er seinem Freund Ferdl das
Versteck mit seinen wertvollsten Habseligkeiten. Die letzte
Nachricht stammt von einem Dorf hinter der Front, wo sich ein
Hauptverbandsplatz befindet. Ohne Unterlass kämen Verwun-
dete an – ein **Bild des Grauens**, dass er nie vergessen werde.

Deutsche Einheiten auf dem Rückzug (S. 399–418)

Oskar Meyer schildert seine **letzten Monate in Budapest**.
Immer mehr deutsche Einheiten kommen auf ihrem Rückzug in
die Stadt. Den Gerüchten eines Kriegsaustrittes Ungarns folgt das
Entsetzen – die **ungarischen Faschisten**, die Pfeilkreuzler, kom-
men **an die Macht**, wodurch sich die ohnehin schon schwierige
Lage der jüdischen Menschen noch dramatisch verschlechtert.
Waren es bisher nur die deutschen Besatzer, so sind es jetzt auch

Ungarn, bei denen der Rassenwahn entbrennt. Die **Willkür gegen Juden** kennt keine Grenzen. Am liebsten würde Oskar zu Hause bleiben, doch er muss nach draußen, wenn er nicht verhungern will. Die zunehmende Isolation und die beengte Lebenssituation sind für ihn schwer zu ertragen. Sein Zimmergenosse Lajos Teller geht zudem davon aus, dass Wally und Georgili schon von den Nazis ermordet worden sind.

Budapest: Ungarische und deutsche Soldaten treiben verhaftete Juden ins Stadttheater

Eines Tages wird Oskar Zeuge, wie **Pfeilkreuzler** auf offener Straße einen **jungen Juden** erst **quälen** und dann **ermorden**, während eine große Menge tatenlos zuschaut. Angesichts der sich noch weiter verschlechternden Lebensbedingungen folgt Oskar schließlich dem **Aufruf zum freiwilligen Arbeitseinsatz**, trotz der Warnung von Lajos Teller. Beim Sammelplatz werden sie in Waggons verfrachtet. Es folgt eine tagelange Odyssee bis nach Hegyeshalom, von wo aus es zu Fuß bis in die **Gegend von Hainburg** geht. Wer **zu erschöpft** ist, wird **erschossen**.

Bei einer Übernachtung in einer Scheune erscheint Oskar seine Frau Wally. Als er der Erscheinung das Tuch zeigt, das er Wally zur Ankunft in Budapest gekauft hat, lächelt sie. Für Oskar ist dies, als habe **Wally die Schuld von ihm genommen**. Trotz des Spottes der anderen trägt er weiter das Halstuch.

So tauche ich wieder in den Winter ein (S. 419–426)
Dieses Kapitel wendet sich wieder **Veit** zu: Ein Jahr ist vergangen, seit er sein Tagebuch begonnen hat, und Lilo hat ihren ersten Geburtstag. Veit liegt der **Mord** am Onkel **schwer im Magen**. Die Polizei zweifelt indessen nicht daran, dass der **Brasilianer der Täter** ist, rätselt aber, woher er die Pistole gehabt haben könnte.

Vom Amtshelfer erbittet Veit sich **Kurts Briefe**, um ihm diese zurückzubringen. Denn Veit muss ohnehin **nach Wien**, um sich dort auf seine **Feldtauglichkeit untersuchen** zu lassen. Veit weiß zu gut, dass die allgemeine Kriegslage eine **erneute Zurückstellung unmöglich** macht. Margot gibt ihm das „Tomatengeld" – vermutlich, damit Veit den Arzt bestechen kann. Beim Abschied am Bahnsteig wird sich Veit bewusst, dass seine Liebe zu ihr etwas Dauerhaftes ist. Er fährt mit dem Zug nach Wien.

Der Westbahnhof war dick verqualmt (S. 427–442)
Zu Hause angelangt erzählt Veit den Eltern, dass er nicht viel vom Tod des Onkels wisse. Bei seinem Besuch auf dem **Friedhof** am nächsten Tag kommen **Erinnerungen an Hildes Todestag** hoch, für Veit ein traumatisches Erlebnis. Sein Besuch bei den Ritlers ist indessen erfolglos, weil Kurt inzwischen in Hainburg stationiert ist.

Als der Vater nach einer im Keller verbrachten Bombennacht von der Zukunft schwadroniert, für die man Opfer bringen müsse, kommt es zum **Zerwürfnis zwischen Vater und Sohn**.

In der Kaserne trifft Veit den Funker Frenck, der froh ist, ein bekanntes Gesicht von früher zu sehen. Von ihm erfährt Veit, dass seine alte Einheit in Insterburg liegt. Bei der Untersuchung blockt der zynische Militärarzt Veits Einwände gegen seine Feldtauglichkeit ab. Veits Bestechungsgeld nimmt der Arzt zwar an, aber zu Veits Entsetzen lautet der Bescheid dennoch auf „**Kriegsverwendungsfähig Feld**", mit Marschbefehl nach Insterburg.

Seit es mit Margot (S. 443–456)

Veit fährt mit dem Zug nach **Hainburg** und **gibt Kurt** bei der
Jägerkaserne **dessen Briefe zurück**. Es wird ein Gespräch voller
Beklommenheit. Nur als Veit von Hilde erzählt, dass er sie sich
auf Wanderschaft vorstelle, bricht für kurze Zeit das Eis. Er stelle
sich Nanni schlafend vor, so Kurt, sie habe immer so viel geschlafen. Dem Rat seines Vaters, immer Zivilkleidung dabeizu-
haben, um die Uniform notfalls wegwerfen zu können, will Kurt
nicht folgen, da er nie wieder jemanden im Stich lassen werde
und unter einem fremden Regime sowieso nicht leben wolle.

Die
Jägerkaserne
in Hainburg
(Ansichtskarte
aus den 1940er-
Jahren)

Da der Zug nach Wien erhebliche Verspätung hat, macht Veit
einen längeren Spaziergang. Dort trifft er auf **Schanzer**, deren
Arbeit an Verteidigungsstellungen er für sinnlos hält. Veit beobachtet, wie ein **Zwangsarbeiter** von einem Aufseher **niederge-
knüppelt** wird. Ihm am nächsten arbeitet ein elend aussehender
Mann, der Veit hasserfüllt ansieht. Auffällig ist sein Halstuch,
dessen bunte Farben aus der Tristesse der Szenerie herausstechen.
Auf dem Rückweg erinnert er sich an die **Erschießungen** in der
Ukraine: Für das Schicksal der Juden hatte er sich damals kaum
interessiert, aber durchaus darüber nachgedacht, wie es gewesen
wäre, wenn er zu diesen Erschießungen befehligt worden wäre.
Zurück in Wien übernachtet Veit in einem Privatzimmer.

Ich saß auf dem Fensterbrett (S. 457–473)

Für Veit beginnen die **letzten zwei Tage in Mondsee**. Neuigkeiten zum Tod des Onkels gibt es nach Margots Aussage nicht. Beim Spazieren treffen sie **letzte Absprachen**, auch für die Zeit nach dem Krieg. Margot ermahnt ihn, von den Tabletten herunterzukommen. Später im Bett hält sie es für sicher, dass ihre Beziehung nach dem Krieg fortdauern wird.

Nach einem **Streit mit der Quartierfrau** suchen sie kurzfristig ein **neues Zimmer** und werden **beim Fleischhauer fündig**. Dort erhält Margot auch die Stelle einer **Ladengehilfin**. Nach dem Umzug erinnern sie sich im neuen Quartier an ihre gemeinsame Zeit und schmieden Pläne für ein Leben nach dem Krieg.

Wir warteten auf das Milchauto (S. 474–476)

In eisiger Kälte warten Veit und Margot auf das Milchauto. Veit empfindet sie als **wunderbaren warmen Menschen** und dankt ihr für die gemeinsame Zeit. Nach einem **emotionalen Abschied** steigt Veit in das Milchauto ein, das noch einmal am Lager in Schwarzindien vorbeifährt, wo jetzt Flüchtlinge einquartiert sind. In Plomberg richtet Veit mit Blick auf die Drachenwand einen unmerklichen Gruß an Nanni. Er ist sich bewusst, dass sowohl von Mondsee als auch vom Krieg etwas in ihm bleiben wird, mit dem er nicht fertig werden wird.

Nachbemerkungen (S. 477–480)

Das Kapitel skizziert die Werdegänge der Hauptpersonen: Veit überlebt und gründet mit Margot eine Familie. Dohm übernimmt ein Geschäft in Freising, seine Frau stirbt bereits acht Jahre nach dem Krieg. Der Brasilianer schafft es 1948, nach Brasilien auszuwandern. Grete arbeitet nach dem Krieg wieder als Lehrerin in Wien, bleibt kinderlos und unverheiratet. Nachdem Kurt im Krieg verwundet worden ist, stirbt er in einer Krankensammelstelle. Oskar wird auf dem Weg ins KZ Mauthausen[18] ermordet, seine Frau und Georgili sind schon zuvor in Auschwitz umgekommen.

Datierbare Handlungselemente im Roman- und Zeitgeschehen

Romangeschehen

1943

- **Nov.** — ca. Mitte Nov. Veits Verletzung
- **Dez.** — 2. Dez. Operation am Oberschenkel und Schlüsselbein

1944

- **Januar** — Neujahr Veits Fahrt nach Mondsee; 20. Januar Ankunft der KLV-Mädchen
- **Februar** — 26. Feb. Veits Geburtstag; 29. Feb. Georgili seit 7 Wochen im Spital
- **März** — 11. März Hildes Geburtstag
- **April** — 6. Apr. (Gründonnerstag) Nanni verschwindet; 23. Apr. Goebbels-Äußerung des Brasilianers (wenig später Verhaftung)
- **Juni** — 10. Juni Reichssportwettkampf, erste Begegnung mit Dohm; ca. 20. Juni Dohm erschießt Hündin; Nachmusterung in Wien
- **Juli** — 16. Juli Wally und Georgili verschwinden; 19. Juli bis 8. Aug. Urlaub KLV
- **Sept.** — Anfang Sept. Rückkehr des Brasilianers
- **Okt.** — ca. 20. Okt. Veit stiehlt Papier in Vöcklabrucker Kaserne; Ende Okt. Nannis Leiche wird gefunden
- **Nov.** — 1. Nov. Oskar wird Zeuge des Mordes an einem Juden; Anfang Nov. Flucht des Brasilianers nach Streit mit Dohm
- **Dez.** — Ende Nov. Beorderung aus Wien; tödlicher Schuss auf den Onkel; Mitte Dez. Veits Rückkehr in den Krieg

Zeitgeschehen

1944

- **März** — 18. + 22. März Bomben auf Frankfurt; 19. März Einmarsch in Ungarn
- **April** — 4. Apr. Rom wird geräumt; Mitte Apr. Fall Tarnopols
- **Mai** — Mitte Mai Rückeroberung der Krim durch die Rote Armee
- **Juni** — 6. Juni Landung in der Normandie
- **Juli** — 20. Juli Attentat auf Hitler
- **Aug.** — 1. Aug. – 2. Okt. Warschauer Aufstand; 23. Aug. Rumänien wechselt die Fronten; 25. Aug. Übergabe von Paris
- **Sept.** — 11. Sept. Bomben auf Darmstadt
- **Okt.** — Mitte Okt. Pfeilkreuzler kommen in Ungarn an die Macht; 16. Okt. Bomben auf Salzburg; 20. Okt. Debrezen gefallen

Textanalyse und Interpretation

1 Figurenkonstellation

In Arno Geigers Roman *Unter der Drachenwand* gibt es ein **großes Figurentableau**. Von den ca. 200 genannten Personen kann man die zehn weiter unten charakterisierten[19] zum erweiterten Kreis der Hauptfiguren zählen. Die meisten Figuren tauchen nur selten auf, sodass das Romangeschehen zwar übersichtlich bleibt, allerdings die genaue Einordnung der selten genannten Personen nicht immer leicht ist.

Lokalisierung der Figuren

Es gibt **vier große Handlungsorte**, an denen der Roman hauptsächlich spielt und mit denen die Figuren verbunden sind: **Wien, Mondsee, Darmstadt** und **Budapest**. Daneben gibt es kleinere Handlungsorte wie Vöcklabruck oder Hainburg und Umgebung, die aber von großer Bedeutung sind – unter anderem, weil sie eine **Verbindung zwischen den Romanfiguren** schaffen: So stiehlt etwa Veit in Vöcklabruck nicht nur das Blankopapier aus der leeren Schreibstube, er stiehlt quasi auch dem Vöcklabrucker Soldaten Ludwig (vgl. S. 41) dessen Frau. In Hainburg wiederum trifft Veit mit Kurt zusammen und in der Umgebung des Ortes erblickt er Oskar Meyer (vgl. S. 452). Alle drei stammen zudem aus demselben Wiener Bezirk und Veit und Oskar sogar aus der gleichen Straße, der Possingergasse (vgl. S. 20 und S. 113). Zumindest bei letzteren beiden ist es unwahrscheinlich, dass sie sich dort nicht schon einmal über den Weg gelaufen sind.

Lokale Figurenkonstellation

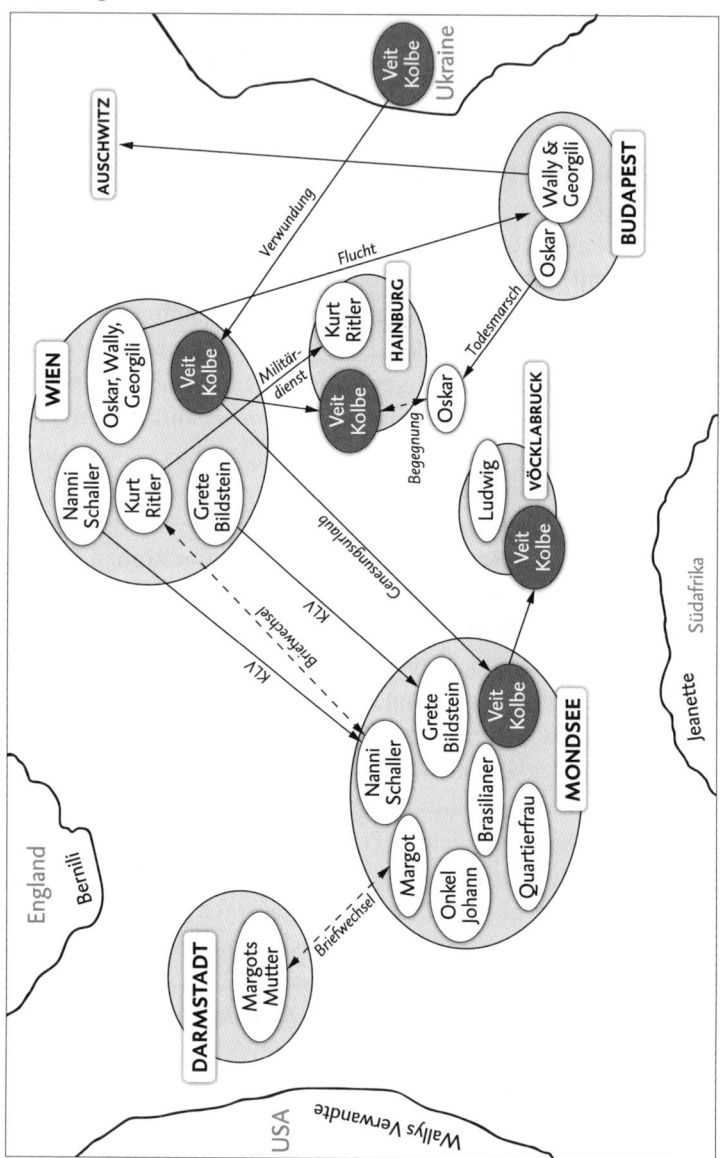

Figurennamen und -bezeichnungen

Die Figuren des Romans werden auf unterschiedliche Art und Weise bezeichnet. So tragen einige nicht einen Personennamen, sondern einen Namen, der ihre **Beziehung zum Protagonisten** erfasst: Die Quartierfrau wird mit ihrer **Funktion** bezeichnet, der Onkel mit seinem **Verwandtschaftsgrad**. Beim „Brasilianer" unterstreicht der Name indessen einen **zentralen Aspekt** der Figur – er steht für das Exotische, das Anderssein. Die „Darmstädterin" dagegen verkörpert mit ihrem Namen, der ebenfalls auf eine Ortsbezeichnung zurückgeht, eher das Gegenteil: das Normale, das Alltägliche. Sie wird in Mondsee übrigens immer wieder als „die Reichsdeutsche" bezeichnet, wodurch ihr Anderssein, ihr Nichtdazugehören betont wird.

Für manche Figuren werden **sprechende Namen** verwendet. So lässt sich mit dem Vornamen Veit der sogenannte **Veitstanz** assoziieren, ein Massenphänomen aus dem ausgehenden Mittelalter, bei dem eine große Menschenmenge, oft willenlos, bis zur Erschöpfung und zum physischen Zusammenbruch tanzte. Zusammen mit dem Nachnamen Kolbe, der auf den Kolben eines Motors hindeutet, lässt er sich als Anspielung auf Veits Rolle im Krieg deuten: Als Lastwagenfahrer ist er bis zum physischen Zusammenbruch ein **funktionierender Teil der Kriegsmaschinerie** und des **Kriegswahns der Massen**.

Aber auch Grete Bildstein weckt Assoziationen. Seit Goethes *Faust* gilt der Name Margarete als **Inbegriff der deutschen Frau**. Gepaart mit der in Stein gemeißelten Bildung (Bildstein) entspricht das in etwa der Aufgabe der Lagerlehrerin: Sie soll mit Drill das „deutsche Bildungsgut" in die Köpfe der Mädchen meißeln. Der Vorname könnte aber auch auf Paul Celans *Todesfuge* anspielen. In diesem Gedicht schreibt ein KZ-Kommandant an Margarete nach Deutschland, wie auch in *Unter der Drachenwand* ein deutscher Soldat in Budapest einen Brief an Margarete schreibt, für den Oskars Buckel als Schreibunterlage dient (vgl. S. 251).

Kontraste und Entsprechungen als Mittel der Charakterisierung

Neben den direkten Beziehungen zwischen den Figuren existieren in Geigers Roman noch indirekte Beziehungen, die der Autor über **Entsprechungen und Kontraste** herstellt. So sind **Margots Mutter** und **Onkel Johann** beides **starke Raucher**, deren einzige noch gebliebene Freude nach eigenen Angaben das Rauchen ist (vgl. S. 86 und S. 307). Auch in ihrer mangelnden Empathie sind sie sich ähnlich. Eine weitere Entsprechung zeigt sich bei **Nanni und dem Brasilianer**. So heißt es über Nanni: „Was sie getan hatte, war unvernünftig gewesen, aber etwas Selbstbestimmtes." (S. 320) Dieses Verhaltensmuster teilt sie mit dem Brasilianer: Eine als **richtig erkannte Position** wird **gegen alle Gefahren vertreten**, eine als richtig erkannte Handlung durchgeführt. Beide sind durch ihre **freiheitsliebende, ehrliche Art Außenseiter**, beide geraten dadurch in Schwierigkeiten.

Bei Margot und Margarete kommen **Entsprechungen und Kontrastierung** zusammen: Beide sind nicht nur schlank und braunhaarig (vgl. S. 41 und S. 52), sie gehören auch beide in Veits emotionale Sphäre. Während sich Margot aber ihre **Natürlichkeit** bewahrt hat, flüchtet sich Margarete hinter eine **harte Fassade**, hinter der nur selten ihr wahres Gefühl zum Vorschein kommt. Der Kontrast zwischen ihnen zeigt sich auch in ihrem Gruß: Während Margots Gruß **Lockerheit** demonstriert (vgl. S. 59), steht der stramme Hitlergruß der Lagerlehrerin (vgl. S. 53) für **Strenge, Ordnung und Disziplin**. Auch bei anderen Figuren ist der Gruß aussagekräftig: Der Onkel signalisiert mit seinem kaum merklichen Kopfnicken **Überlegenheit** (vgl. S. 304), Veits militärischer Gruß zeigt eher **Unterordnung und Anpassung** (vgl. S. 181).

Veit und Oskar haben gemeinsam, dass sie in Notizbücher schreiben. Allerdings unterscheiden sie sich stark im Hinblick auf die Kategorien Täter und Opfer.

2 Charakterisierung der Hauptfiguren

Veit Kolbe

Veit Kolbe ist der **Hauptprotagonist** dieses Romans. Geboren am 26. Februar 1920, ist er aufgewachsen in der Possingergasse in Wien. Seine **Schwester Hilde**, sein „Glücksstern" (S. 219), ist gestorben, als Veit 16 war. Ihren Tod hat Veit nie richtig verwunden (vgl. S. 24, 27, 432). Seine beiden anderen Schwestern leben noch: Waltraud unterrichtet als „Doktora" (S. 37) im Protektorat (= Protektorat Böhmen und Mähren), Inge ist in Graz verheiratet. Die **Rolle seines Vaters** bei seiner Erziehung bewertet Veit im Rückblick **äußerst kritisch** (vgl. S. 437).

Nach der Matura mit Auszeichnung im Jahre 1938 hat Veit eigentlich ein **Studium an der Technischen Hochschule** aufnehmen wollen, aber der Grundwehrdienst in St. Pölten und schließlich der **Krieg** haben seine Pläne durchkreuzt. Zum Zeitpunkt seiner Verwundung Ende November 1943 hat Veit in der Wehrmacht den Rang eines **Stabsgefreiten** und ist bereits seit vier Jahren als **Lastwagenfahrer** an und hinter der Front unterwegs, überwiegend in der Ukraine. Die brutale Realität an der Front lässt ihn die linientreuen Durchhalteparolen seines Vaters kritisch sehen, mit dem er deshalb aneinandergerät (vgl. S. 28).

Granatsplitter haben Wange, Schlüsselbein und Oberschenkel getroffen. Doch länger hat er mit den **psychischen Verletzungen** zu kämpfen. Er erleidet **regelmäßige Anfälle und Zusammenbrüche**, bei denen ihn wiederkehrende Kriegsbilder überwältigen (vgl. u. a. S. 39, 65, 139, 286). Heute würde man von einer **posttraumatischen Belastungsstörung** sprechen. Unter anderem belasten ihn die Erschießungen hinter der Front stark (vgl. z. B. S. 210, 453). Unabhängig davon, was das weitere Leben noch bringen wird, ist ihm klar: „[I]ch würde für immer in diesem Krieg bleiben als Teil von ihm." (S. 453) Depression und Angstzustände bekämpft er mit Pervitin, was ihm zusätzlich eine **Dro-**

genabhängigkeit beschert (vgl. z.B. S. 461). Veit stellt zudem fest, dass er „nach fünf Jahren Militär geistig verkommen" (S. 73) ist. Sein **ganzes Wesen** scheint ihm **verzerrt** (vgl. S. 42). Körperliche Anzeichen seiner Versehrtheit sind im Alltag Zittern und Müdigkeit, psychische Symptome sind die häufig gedrückte Stimmung (vgl. S. 58, 61), gelegentlich mangelndes Selbstbewusstsein (vgl. S. 65) oder auch die Unfähigkeit, einfache mathematische Aufgaben zu lösen, die früher kein Problem darstellten (vgl. S. 50, 56). Möglicherwiese dient sein Schreiben auch einem selbsttherapeutischen Zweck (vgl. S. 73).

Neben den geschilderten Versehrungen durch den Krieg machen ihm die **verlorenen Jahre** zu schaffen. Er hatte sich ein **selbstbestimmtes Leben** voller Liebe vorgestellt und muss nun feststellen, dass ihm die Zeit davonläuft (vgl. S. 17, 23 und 225) und die Anlagen zur Liebe verkümmern (vgl. S. 139). Dabei spielen **Desillusionierung und Kriegsmüdigkeit** eine große Rolle, denn Veit hat anfangs die **NS-Ideologie** und den **Krieg befürwortet:** Für ihn ist die **Partei Sinngebung seiner Jugend** gewesen (vgl. S. 135) und beim „Anschluss" Österreichs 1938 hat er dem Vater zugeprostet (vgl. S. 218). Die letzten Jahre an der Front jedoch haben ihn verändert: Zum einen empfindet Veit die Kriegsführung der Deutschen im Krieg als zu brutal (vgl. S. 37), zum anderen reift in ihm die Erkenntnis von der „Sinnlosigkeit des Krieges" (S. 327). Er bezeichnet ihn als „chronische[] Krankheit" (S. 280) und kommt schließlich zu der Einsicht, dass er als Soldat einer „unrechten Sache" (S. 475) dient – eine Formulierung, die darauf schließen lässt, dass Veit **Distanz zur nationalsozialistischen Ideologie** gewinnt. Dass sich Veit auch in dieser Hinsicht **entwickelt**, lässt sich aus zwei Textstellen erschließen: Bei aller Kriegskritik kann er sich zunächst noch nicht ganz von dem Gedanken lösen, „dass der F. ein großer Mann war" (S. 135) – später jedoch bezeichnet er Hitler als den „böse[n] Mann mit dem kleinen Schnauz" (S. 317). Im Verlauf des Romans wählt

Veit immer deutlichere Worte: Die Einberufung von ganz jungen Menschen im Rahmen des „Volkssturms" zeigt für ihn, „wie wahnwitzig und menschenfeindlich die Firma für Blut und Boden agierte" (S. 345). Auch ironische Formulierungen nutzt Veit, um seine **Distanz zum NS-System** zu verdeutlichen, etwa indem er die Wehrmacht immer wieder als seinen „Dienstgeber" (z. B. S. 74) bezeichnet.

Bei der Verhaftung des Brasilianers funktionieren die **obrigkeitshörigen Reflexe** noch: Veit, der einschreiten zu wollen scheint, bleibt stehen, als er von einem der Gestapo-Männer scharf angesehen wird (vgl. S. 176). Dass Veit sich in dieser Situation der Bemerkung des Brasilianers entsinnt, Veit sei „eine Pflanze, die man einmal umtopfen müsste", da er sein „Wachstum vor Jahren eingestellt" (S. 177) habe, ist aussagekräftig: Veit scheint sich bewusst zu sein, dass in ihm das **Potenzial zur Entwicklung einer kritischeren Haltung** und eines widerständigeren Handelns angelegt ist. Doch auch noch bei Dohms Schuss auf die Hündin lässt er sich von dem höherstehenden SS-Mann durch einen Befehl einschüchtern, auch wenn er hier schon offensiver auftritt („Ich werde Sie anzeigen", S. 215). Erst gegen Ende seines Jahres in Mondsee schreitet Veit **gegen Vertreter des Systems** zur Tat. Er übernimmt **Verantwortung** für das *Leben* des Brasilianers, indem er in einem **Akt persönlich motivierter Auflehnung** den Onkel erschießt. Veits **Bewertung der eigenen Tat** ist **nicht ganz eindeutig:** Direkt danach kann er nicht glauben, gerade „das Gute vollbracht" (S. 366) zu haben. Sein Satz „Von gut war alles weit entfernt" (S. 366) deutet darauf hin, dass er sich in einem **Dilemma** befunden hat. Später scheint er sich sicher, dass „das Gute das Schlechte überwog" (S. 423), allerdings hat er auch **Schuldgefühle:** „[E]s ging mir die ganze Zeit in den Eingeweiden herum [...], ich fühlte mich in Mondsee nicht mehr wohl, ich hatte das Gefühl, das Blut des Onkels riechen zu können [...]." (S. 420)

Der zunächst kryptisch wirkende Satz, mit dem der Brasilianer sich verabschiedet, deutet indessen darauf hin, dass dieser die Tat seines Freundes als einen Schritt der Selbstwerdung sieht: „Ruhig wird das Herz erst, wenn wir geworden sind, was wir sein sollen." (S. 367) Aber nicht nur diese Tat deutet darauf hin, dass die **Freundschaft zum Brasilianer** insgesamt eine große Bedeutung für Veit hat. So scheint der Brasilianer auch zu dessen Veränderungsprozess beizutragen. Zum Beispiel Veits Übernahme (vgl. S. 345) der Bezeichnung „Firma für Blut und Boden" (S. 136), mit der der Brasilianer seine **ablehnende Haltung gegenüber dem NS-System** zum Ausdruck bringt, lässt auf dessen Einfluss auf den Protagonisten schließen. Und auch die vom Brasilianer geäußerte **Kritik an der Rassenlehre** (vgl. S. 173 f.) scheint später bei Veit durch, wenn er angesichts der im Gewächshaus untergebrachten Flüchtlinge die Ansicht bestätigt findet, „dass es nichts Absolutes gibt, nichts *Totales*, Herkunft, Rasse [...]" (S. 358).

Bemerkenswert ist auch Veits Beziehung zu **Nanni**, der er wiederholt ein hohes Maß an Selbstbestimmtheit bescheinigt. Im Rückblick **beschämt** es ihn, dass er ihr nicht mit einem Brief an die Mutter beigestanden hat (vgl. S. 320). Zu diesem Zeitpunkt war er offenbar noch nicht so weit, Verantwortung zu übernehmen und durch die Unterstützung ihrer Selbstbestimmtheit **ein Stück eigener Selbstbestimmtheit zurückzugewinnen**. Den Schuss auf den Onkel zur Rettung des ebenfalls selbstbestimmt lebenden Brasilianers darf man dann als Schritt in diese Richtung deuten.[20]

Auch die **Liebe** spielt eine wichtige Rolle. Veit hat zunächst an Grete Bildstein Interesse, deren abweisendes Verhalten ihn dann jedoch stark verunsichert: Veit empfindet „Scham" (S. 64) und geht davon aus, seine „Selbstachtung in Gegenwart der Lehrerin nie mehr ganz wiedergewinnen" (S. 64) zu können. Die **Liebesbeziehung** zu Margot verschafft ihm dann ein „davor nicht gekannte[s] Selbstbewusstsein" (S. 200). Eine neue „Leichtigkeit"

(S. 203) ergreift sein Wesen, die ihm wie ein „kompletter Neuanfang" (ebd.) vorkommt: Auch für ihn scheint nun ein glückliches Leben möglich (vgl. S. 227). Darüber hinaus arbeitet er daran, **Gefühle zu zeigen**. Wie gerne hätte er seiner Schwester Hilde auf dem Sterbebett eine zärtliche Geste entgegengebracht (vgl. S. 223) und wie gerne hätte er beim Abschied die weinende Mutter in den Arm genommen (vgl. S. 30). Beides schaffte er nicht. Nun aber legt er dem offenbar totgeweihten Hupferl zärtlich die Hand ans Ohr (vgl. S. 224). Allerdings ist es ein **langer Prozess**, denn selbst Margot gegenüber gelingt es ihm zunächst nur unter Alkoholeinfluss, „sehr nette Sachen" (S. 355) zu sagen.

Aber nicht nur die **sozialen Beziehungen** helfen Veit dabei, ins Leben zurückzufinden, sondern auch der Umstand, dass er die **Verantwortung für das Gewächshaus** übernimmt. Eine Aufgabe zu haben, **stabilisiert** den emotional versehrten Protagonisten. Die körperliche Arbeit ist zwar anstrengend, manche der Blessuren, die er sich dabei zuzieht, verschaffen ihm aber „ein Gefühl der Zufriedenheit" (S. 190). Auch Veits Äußerung, dass „[a]lle Menschen [...] an Orten der Arbeit heiraten" (S. 198) sollten, unterstreicht die Bedeutung der Arbeit für ihn.

Margot (die Darmstädterin)

„Mir ist alles egal, ich will leben!" (S. 194) Mit dieser Haltung bändelt die junge Darmstädterin Margot mit dem Soldaten Ludwig aus Vöcklabruck an, heiratet sehr schnell und bekommt eine Tochter, Lilo, die zwei Wochen nach Veits Verwundung geboren wird. Es ist vor allem eine **Flucht aus dem Elternhaus:** „Heiraten sei ihr als die beste Möglichkeit zum Loskommen erschienen." (S. 195) Die Verdrossenheit über die Briefe der Mutter bekräftigt dies (vgl. S. 309). Margot merkt allerdings bald, dass sie den **falschen Mann** geheiratet hat, u. a., weil es mit ihm – im Gegensatz zu Veit – sexuell nicht „klappt" (vgl. S. 212).

Margot ist „eine schlanke Gestalt" (S. 41), hat „lange braune Haare" (S. 41), braune Augen mit orangen Sprenkeln (vgl. S. 458) sowie schmale knochige Hände an etwas zu langen Armen (vgl. S. 336). Von Dohm wird sie als „Vollweib" (S. 207) tituliert. Margot war zuletzt zum Kriegshilfsdienst bei der Fahrdienstleitung im Frankfurter Hauptbahnhof eingesetzt, ist aber eigentlich **ausgebildete Versicherungskauffrau** (vgl. S. 190). Das befähigt sie, sich nach der Verhaftung des Brasilianers um die **geschäftlichen Belange** des Gewächshauses zu kümmern. In Mondsee bewohnt sie das Zimmer neben Veit, in dem die Mutter des Brasilianers bis zu ihrem Tod im Herbst 1943 geschlafen hat.

Die erste Zeit nach Lilos Geburt scheint Margot von der Situation überfordert, wie ihr wiederholtes Weinen verdeutlicht (vgl. S. 59). Zugleich versucht sie sich nach der Geburt mit Turnübungen wieder fit zu machen (vgl. S. 59), was für ihre Selbstdisziplin spricht. Insgesamt wirkt Margot **im privaten Umfeld** durchaus **selbstbewusst**. So spricht sie mit Veit offen über ihre Sexualität, macht den Anfang, als sie einander eingestehen, dass sie ein Paar sind (vgl. S. 198), und hat ihre Meinung wohl auch schon gegenüber ihrer Mutter offensiv vertreten (vgl. S. 94).

Margots herausragende Eigenschaft ist ihre **Natürlichkeit** (vgl. S. 314). Sie hört gerne zu und fasst die Dinge nicht sofort in der schlechtestmöglichen Auslegung zu jemandes Ungunsten auf, wie es in Veits Augen die meisten Menschen tun (vgl. S. 200). In dieser Hinsicht unterscheidet sich Margot von der Lagerlehrerin Grete Bildstein. Margot versucht auch nicht, Veit zu erziehen (vgl. ebd.) oder sich über dessen Schwächen zu erheben (vgl. S. 342). Allerdings besteht hier auch eine große Dissonanz zwischen ihrer Menschlichkeit und ihrem **unpolitischen Wesen**. Zwar will sie wissen, was sich an der Front abspielt (vgl. S. 198 f.), aber es ist ihr am liebsten, wenn man sich **unauffällig** verhält und sich nicht einmischt (vgl. S. 354, 464). In diesem Sinne irritiert auch ihre Aussage gegenüber dem Brasilianer, dass sie in vielen Dingen nicht seiner Meinung sei (vgl. S. 301), was eine **unkritische Haltung gegenüber dem nationalsozialistischen Regime** nahelegt.

Der Brasilianer (Robert Raimund Perttes)

Der Brasilianer, **56 Jahre alt**, „ein hagerer, hakennasiger Mann"
(S. 68) mit faltigem Gesicht (vgl. S. 69), „Fuchsaugen" (S. 69 f.)
und schrundigen Gärtnerhänden (vgl. S. 71) betreibt direkt gegenüber seiner Schwester, der Quartierfrau, eine **Gärtnerei**, in
der er vor allem Tomaten, Orchideen und Gurken züchtet. Er er-
nährt nicht nur sich, sondern auch seine Hündin vegetarisch und
lehnt Alkohol und Zigaretten ab (vgl. S. 70, 174, 334). Er ist ein
Brasilienrückkehrer und will in dem südamerikanischen Land
u. a. als vortragsreisender Reformbiologe unterwegs gewesen
sein, doch sein wirres Gerede ergibt keine gesicherte Vorgeschich-
te (vgl. S. 77). Mittlerweile **bereut** er die **Heimkehr**, zu der er
sich offenbar wegen seiner Eltern entschlossen hatte. „Ich gehöre
nach Brasilien" (S. 299), lautet sein Credo und mit südamerikani-
scher Musik erhält er den Traum einer **Rückkehr in sein Sehn-
suchtsland** aufrecht. Mit seiner **Schwester Trude** hat er sich
überworfen, als sie ihren späteren Mann, den Lackierermeister
Dohm, in die Familie brachte. Zusammen hätten Trude und
Dohm über das Elternhaus geherrscht (vgl. S. 299).

Der Brasilianer hat bereits Rheuma (vgl. S. 77) und ist überarbeitet, aber da ihm wegen einer Kritik an Hitler „die Ehrenrechte
eines Deutschen aberkannt worden waren" (S. 69), bekommt er
keine Arbeitshilfe. Zudem ist er vor Gericht für „wehrunwür-
dig" (S. 310) erklärt worden. So befindet er sich **gesellschaftlich
in einer isolierten Position**. In schwierige Situationen bringt er
sich immer wieder, weil er **unbeherrscht** (vgl. S. 329) ist und keinen Hehl aus seiner **NS-kritischen Haltung** macht (vgl. S. 339).
So wählt er **klare Worte**, wenn er z. B. von der „ganze[n] Deutsche[n] Verbrechergemeinschaft" (S. 299) redet, Hitler als „Groß-
idiot[en]" (S. 334) bezeichnet, Goebbels als geisteskranke Miss-
geburt beschreibt (vgl. S. 174) oder auch über die „Fleischfresser-
fürze" des „dicken Reichsmarschall[s]" (S. 337) Göring herzieht.
Wegen der Goebbelskritik wird er für falsches Denken verurteilt

(vgl. S. 204) und in Linz inhaftiert. Nach seiner Hasstirade auf Göring und weiteren Ausfälligkeiten gegen die Nationalsozialisten geht er aus **Angst vor einer erneuten Strafe** in den **Untergrund** (vgl. S. 340). Aus der **Haft** kehrt der Brasilianer **psychisch und physisch versehrt** zurück: Er wirkt „nervös" (S. 294), seine Lippen zittern und die Augenlider sind entzündet (vgl. ebd.). Nicht einmal er hatte mit solch einer **Härte** gerechnet, wie sie ihm in der Haft entgegengebracht wurde (vgl. S. 295).

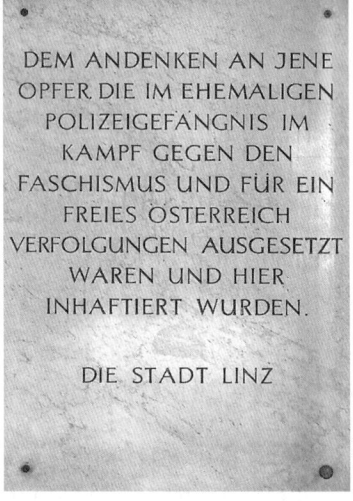

DEM ANDENKEN AN JENE OPFER DIE IM EHEMALIGEN POLIZEIGEFÄNGNIS IM KAMPF GEGEN DEN FASCHISMUS UND FÜR EIN FREIES ÖSTERREICH VERFOLGUNGEN AUSGESETZT WAREN UND HIER INHAFTIERT WURDEN.

DIE STADT LINZ

Gedenktafel für die Opfer des Faschismus im früheren Polizeigefängnis in Linz

Doch seine **widerständige Haltung**, sein unverblümtes Eintreten für **Freiheit** und **Humanismus** sowie seinen Leitspruch „Zurück zur Natur" (S. 335) hat er sich bewahrt. So ist auch der Schriftzug „Klein Brasilien" (S. 302) an seinem Zaun als Widerstand in diesem Sinne zu deuten.

Annemarie „Nanni" Schaller

Nanni ist ein **13-jähriges Mädchen** (vgl. S. 145), das aus dem gleichen Wiener Gemeindebezirk stammt wie Veit (vgl. S. 47) und das Mitte Januar 1944 per **Kinderlandverschickung** am Mondsee ankommt. Nanni ist in ihren fast **17-jährigen Cousin Kurt verliebt**, der diese Liebe erwidert. In Wien haben sie Zimmer an Zimmer gewohnt und konnten sich dort per Klopfzeichen verständigen (vgl. S. 105, 160). Das **Lagerleben** findet Nanni **langweilig** (vgl. S. 100), aber sie **strahlt** bei dem Gedanken, dass

Kurt sie **zu Ostern besuchen** kommt und sie dann gemeinsam die Drachenwand besteigen (vgl. S. 64).

Nanni hat neugierige, herausfordernde Augen (vgl. S. 321) und wuscheliges, dunkelblondes Haar, das über den Schultern kurz geschnitten ist (vgl. S. 140). Sie strahlt ein **ungemeines Selbstbewusstsein** aus (vgl. S. 64) und für Veit ist sie „von anderer Substanz [...] als ihre Mitschülerinnen" (S. 321). Das ist wohl mit ein Grund dafür, dass sie in der Gruppe eine **Sonderposition** hat: Sie sei im Lager zwar eine gute Kameradin, aber habe keine Freundin mehr (vgl. S. 141). Nach Aussagen der Mutter ist Nanni **frühreif** gewesen, hat eine blühende Fantasie gehabt und sei schon früh von Freundinnen über das andere Geschlecht aufgeklärt worden (vgl. S. 157). Da der **Vater vor fünf Jahren gestorben** ist (vgl. S. 151) und die Mutter im Kriegseinsatz Akkordarbeit verrichtet (vgl. S. 157), ist Nanni tagsüber oft sich selbst überlassen gewesen.

Als die Lagerlehrerin Kurts Liebesbriefe öffnet und Nannis Mutter informiert, **verbieten** die Eltern Kurts Osterfahrt. Der **Briefverkehr** wird unterbunden. Für Nanni bricht eine Welt zusammen. Ihre Mutter überzieht sie in einem bitterbösen Brief wegen ihrer Liebe zu Kurt mit **Vorwürfen**. Nannis Umgang damit beeindruckt Veit, weil dieses „so brutal eingeschüchterte[] Kind die Kraft besaß, weiterhin seine Interessen zu vertreten" (S. 143). Auch dies zeugt von ihrem **Selbstbewusstsein**. Dass sie „völlig frei, ohne Berechnung" (S. 143) scheint, unterstreicht ihre **innere Unabhängigkeit**. Dieser steht allerdings ihre **äußere Unfreiheit** entgegen, die sich aus den Eingriffen der Erwachsenen ergibt. Rückblickend kann man ihre Bitte an Veit, ihr mit einem Brief an ihre Mutter zu helfen, als letzten Hilferuf des Mädchens deuten, bevor sie sich – wiederum ein selbstbestimmter Akt – allein in die Drachenwand aufmacht und mehrere **Monate verschollen** bleibt. Ende Oktober wird in der Drachenwand ihre **Leiche** gefunden (vgl. S. 317). Es sieht nach einem **Unfall** aus.

Wahrscheinlich hat Nanni den Grat der Drachenwand erreicht und ist dann etwa 250 Meter in die Tiefe gestürzt. So steht es jedenfalls im vom Onkel verfassten Polizeibericht (vgl. S. 318 f.).

Nanni gehört mit dem Brasilianer zu den Figuren, die sich im Zwangssystem der NS-Zeit ihre **Selbstbestimmtheit bewahren** wollen. Nannis Weg endet im **Tod**, während dieses Schicksal dem Brasilianer, der im Unterschied zu Nanni von Veit Hilfe erfährt, erspart bleibt.

Kurt Ritler

Kurt wohnt mit seinen Eltern und der jüngeren Schwester Susi in der **Nachbarwohnung der Schallers**. Sein älterer Bruder Erhardt ist an der Front und ähnlich desillusioniert wie Veit (vgl. S. 101 ff.). Mit den Eltern hat Kurt immer wieder **Konflikte**, der Vater schlägt dabei gerne auch mal zu (vgl. S. 107, 109).

Kurts Sichtweise erfährt der Leser direkt, erst durch Liebesbriefe an Nanni, später durch Briefe an seinen besten Freund Ferdl. In diesen Briefen zitiert er gerne indische Sprichwörter, die er aus einem Buch seines Vaters hat (vgl. u. a. S. 101, 231).

Kurt ist kein Held, eher ein **ganz normaler Junge** in der **Adoleszenz**. In seinen Briefen an Nanni zeigt er **große Unsicherheit** und **Eifersucht** (vgl. S. 97 f.), obwohl er fast vier Jahre älter ist. Mit seinem **oberlehrerhaften Verhalten** – etwa wenn er Nanni vorschreibt, was sie zu schreiben oder zu tun hat (vgl. S. 98, 108), oder wenn er ihre Rechtschreibung korrigiert (vgl. S. 104) – unterstreicht er den **Altersunterschied** zwischen ihnen. Zugleich bietet er sich als **Gesprächspartner auf Augenhöhe** an, wenn er ihr nahelegt, ihm all ihre Sorgen mitzuteilen (vgl. S. 99). Als von Nanni keine Briefe mehr kommen, wird er sehr nervös (vgl. S. 108), und als er den Grund dafür erfährt, verspricht er ganz heldenhaft, zur Not mit dem Fahrrad zum Mondsee zu kommen (vgl. S. 109). Da er dieses Versprechen nicht halten kann, hat er ein **schlechtes Gewissen** (vgl. S. 230, 241), das sich bis zum

Schluss hält, wie in seiner Äußerung, dass er **niemanden mehr im Stich** lasse (vgl. S. 448), deutlich wird.

Nach Ostern findet der Unterricht für Kurt in einer **Flakstellung in Wien-Schwechat** statt, wo er bei den **Horchern** ist, die mit Richtungshörern versuchen, die Position feindlicher Flugzeuge zu „erhören". Schließlich wird er eingezogen und kommt zu einer **Volksgrenadierdivision nach Hainburg**. Dort scheint er **abzustumpfen** (vgl. S. 385), allerdings packt ihn bei der nächtlichen Bewachung einer Baustelle für ein Zwangsarbeitslager die Angst, denn mutig ist er nach wie vor nicht (vgl. S. 391). Als Veit ihm seine Briefe zurückbringt, wirkt Kurt auf ihn zwar **kräftig und recht hübsch**, aber auch **wenig neugierig und eher verstockt** (vgl. S. 446). Der Träne in seinem Auge wegen Nanni schämt er sich (vgl. S. 448). Seine Aussage, „unter einem fremden Regime [...] ohnehin nicht leben" (S. 448 f.) zu wollen, deutet darauf hin, dass er sich zu diesem Zeitpunkt mit dem **NS-System identifiziert** hat. Aus den Nachbemerkungen erfährt der Leser, dass Kurt am 2. Mai des Jahres 1945 in einer dänischen Krankensammelstelle an den Folgen einer Verwundung gestorben ist.

Der Onkel (Johann Kolbe)

Johann Kolbe, der ältere Bruder von Veits Vater, ist **Postenkommandant in Mondsee** und wäre ohne den Krieg wohl längst im Ruhestand (vgl. S. 183). Mit starkem **Raucherhusten** ist er gesundheitlich angeschlagen. Beim ersten Wiedersehen nach zehn Jahren empfindet Veit ihn als grau und übergewichtig (vgl. S. 36). Im August verliert der Onkel krankheitsbedingt 18 kg an Gewicht (vgl. S. 284) und kurz vor seinem Tod Ende November wirkt er auf Veit „abgekämpft, das Gesicht aufgedunsen, uralt" (S. 365).

„Der Onkel [...] liege innerlich längst in der Gosse" (S. 315), urteilt der Brasilianer und kurz nach dessen Flucht kommt Veit zu einem ähnlich abschätzigen Urteil: „Als gänzlicher Opportunist war der Onkel das größte Arschloch von allen." (S. 347) Und in der Tat agiert der Onkel so, dass er am besten **viel Ruhe** und

wenig Arbeit hat, was im Übrigen auch zur Trennung von seiner Frau geführt hat (vgl. S. 51). Er spricht von der „oberste[n] Amtspflicht" (S. 51), sich nicht auszulaugen, nimmt in seiner Amtsstube Fußbäder und macht Kreuzworträtsel. Veit gegenüber gibt er zu, dass seine Fußmärsche eigentlich als Streife getarnte Spaziergänge seien, um wenig später zu lamentieren, dass er ganz schön viel zu tun habe (vgl. S. 316 f.). Als **Opportunist** buckelt der Onkel zwar nach oben (vgl. S. 169), aber er ist nicht dumm, spricht Drohungen aus (vgl. S. 308) und macht mit kleinen Gesten seine Position im Ort deutlich (vgl. S. 304). Veit charakterisiert ihn als **Egoisten**, der sich nur für die eigenen „Vorteile" (S. 347) interessiere. Als dieses Leben, in dem er sich eingerichtet hat, durch die Möglichkeit, zum „Volkssturm" eingezogen zu werden, bedroht ist, bekommt er **Angst**. Allerdings kann man diese Angst auch darauf zurückführen, dass der Onkel bereits im Ersten Weltkrieg gekämpft und wie Veit **traumatisierende Erfahrungen** gemacht hat (vgl. S. 307 f.). Er habe *seinen* Krieg schon überlebt (vgl. S. 347).

Für Veit ist der Onkel in seinem **Emotionsausdruck sehr beschränkt:** Veit hält fest, dass er „wie Papa keine Gefühle äußern konnte außer Selbstmitleid und Verächtlichkeit gegen andere" (S. 348). Mit seiner Selbsteinschätzung, er habe „Feingefühl" (S. 154), liegt der Onkel dementsprechend auch nicht ganz richtig, wie sein Verhalten gegenüber Frau Schaller zeigt (vgl. S. 158 ff.). Sein **mangelndes Einfühlungsvermögen** ist mitunter auch einfach nur **Desinteresse**, das der Onkel hinter der Fassade seiner Redewendungen (vgl. u. a. S. 37, 84, 316) zu verbergen versucht.

Die Quartierfrau (Trude Dohm)

Die Quartierfrau Trude Dohm ist die **Schwester des Brasilianers.** Beide reden allerdings nicht mehr miteinander. Bei der ersten Begegnung mit Veit zeigt sie sich **schroff und maulfaul** (vgl. S. 33), sie kann allerdings auch sehr redselig sein, vor allem wenn sie den **Tratsch** des Ortes weitergeben kann (vgl. S. 72). Sie ist in Mondsee unbeliebt und wird als „Mistvieh" und „Kanaille" (S. 60) bezeichnet. Mehrfach wird die Quartierfrau – unter anderem über ihre Art zu lachen – als **missgünstiger Charakter** beschrieben (vgl. S. 42, 171, 182, 284). Dabei nennt sie Veit schon einmal den „Wiener Drückeberger [...] mit seiner reichsdeutschen Hure" (S. 311 f.). Sie versucht sowohl Veit (vgl. S. 40) als auch Margot (vgl. S. 60) zu übervorteilen. Wenn es sein muss, wird sie gelegentlich auch **gewalttätig** – so wirft sie etwa eine Kerze nach Veit (vgl. S. 310) oder gibt Flüchtlingskindern, die sie als Gesindel bezeichnet, Tritte (vgl. S. 465). Bis sie ihren Mann kennenlernte, soll sie ein liebenswertes Mädchen gewesen sein (vgl. S. 135). Nur selten blitzen diese hellen Momente noch auf (vgl. S. 470).

Ihre politische Einstellung ist von **Führertreue** geprägt: An Feiertagen muss das Haus beflaggt werden (vgl. u. a. S. 137), ein schlechter Wehrmachtsbericht führt bei ihr zu Übellaunigkeit (vgl. S. 191) und manche Aussagen, z. B. zur „Volksgemeinschaft" (vgl. S. 137), weisen darauf hin, dass sie der nationalsozialistischen Ideologie folgt. Im Laufe der Zeit wird sie **immer verrückter** und **unzurechnungsfähiger** (vgl. S. 323, 457).

Max Dohm (der Ehemann der Quartierfrau)

Ihr Mann, Max Dohm, hat im Generalgouvernement[21] Karriere gemacht, und zwar bei der **SS**. Der Lackierermeister wirkt auf Veit zunächst aufgrund seines **Selbstvertrauens** „nicht unsympathisch" (S. 208), aber Veit deutet auch an, dass Dohm sich mit seiner SS-Uniform aufwerten will, indem er damit „den Eindruck dichterer Substanz" (S. 206) vermittelt. Seine Erschießung der Hündin zeigt dann seine ganze **Brutalität** und sein **ideologisiertes Denken**, das das körperlich beeinträchtigte Tier offenbar als „lebensunwert" (vgl. S. 214) einstuft.

Angesichts seines „eiserne[n]" (S. 332) **Ehrbegriffs** muss dem SS-Mann das Verhalten Veits als „Laxheit" (S. 333) erscheinen –

deshalb erinnert er diesen an seine „heiligen Pflichten" (ebd.).
Dohms massenweises Horten von Waren für die Zeit nach dem
Krieg (vgl. S. 333) darf man aber als Anzeichen dafür verstehen,
dass er an seine **Durchhalteparolen selbst nicht so richtig
glaubt**. Mit Veit, der Dohm für einen „Trottel" (S. 333) hält, versucht er sich schließlich gutzustellen (vgl. S. 343 f.), damit dieser
mit der Quartierfrau nachsichtig ist und ein Auge auf sie hat.

Margarete Charlotte Bildstein

Grete Bildstein, die **Lehrerin** des Lagers *Schwarzindien*, kommt
mit den ihr anvertrauten Kindern aus dem **gleichen Wiener Bezirk wie Veit**. Sie ist schlank, so alt wie Veit, trägt ihr braunes
Haar schulterlang und hat eine Brille (vgl. S. 52) auf ihren „harten
grauen Augen" (S. 166). Im Kontrast zu Margot mit ihrer positiven Grundeinstellung ist Grete **stets in Abwehrhaltung** und
vermutet erst einmal nichts Gutes (vgl. u. a. S. 54), insbesondere
bei Männern, von deren „Seehundaroma" (S. 63) sie genug hat.
Die Kollegen des Onkels nennen sie wegen ihres strengen Ge-
sichtsausdruckes gegenüber Männern „die Spitzmaus" (S. 421).

Mit **Hitlergruß, Kommandoton und „Drill"** (S. 58) schafft
sie in ihrer kleinen „Marschkolonne" eine „Atmosphäre der Or-
ganisiertheit" (S. 361). Dabei ist sie nicht nur **hart gegen andere**, sondern auch **gegen sich selbst**. Dass sie selbst etwas ge-
schenkt bekommt, versetzt sie in großes Erstaunen (vgl. S. 166).
Sie ist „fleißig" (S. 79), „überarbeitet" (S. 54) und fühlt sich mit
der vielen Arbeit alleine gelassen (vgl. S. 79). Außerdem scheint
sie von der zuständigen Behörde in Linz gegängelt zu werden (vgl.
S. 166, 289). Schließlich wird das Lager auch aufgelöst und sie
einer anderen Lagerleitung unterstellt (vgl. S. 352 f.).

Dennoch ist Grete Bildstein eine **ambivalente Figur**. Hinter
der **harten Fassade**, die wohl vor den Einblicken in ihre Gedan-
ken- und Gefühlswelt schützen soll (vgl. S. 353), scheinen sich
tiefere Empfindungen zu verbergen, die hin und wieder für
einen kurzen Augenblick zum Vorschein kommen, wie etwa bei

einem vertraulichen Gespräch (vgl. S. 79), beim kurzen Erröten (vgl. S. 351) oder am deutlichsten bei der Androhung von „Haue" (S. 167). Unklar bleibt ihre Rolle bei der Festnahme des Brasilianers durch den Onkel, denn es sind wohl des Brasilianers getrocknete Tomaten, die bei ihr auf dem Tisch stehen (vgl. S. 351 f.). Hat sie den Brasilianer gedeckt? Hat sie ihn verraten? Oder wusste sie gar nichts von seinem Versteck im gleichen Haus?

Margots Mutter (Lore Neff)

Über Margots Mutter erfährt der Leser vor allem etwas durch die Briefe an ihre Tochter. Darin berichtet sie u. a. von der **Bombardierung Darmstadts und deren Folgen**, wozu bei ihr persönlich schleichende Einsamkeit (vgl. S. 372) und „Budenangst" (S. 374) gehören. Im Vergleich zu anderen hat sie aber eher Glück gehabt, da ihr Haus stehen geblieben ist.

Margots Mutter ist seit 24 Jahren mit ihrem Mann Justus Neff verheiratet, der im März 1945 an der Front in Schlesien fallen wird. Sie hat von allen Romanfiguren, die nicht an der Front waren, die **realistischste Einschätzung** von dem, was dort passiert (vgl. S. 88 f.). In ihren Briefen klingt immer wieder die **Sorge** um ihre beiden Töchter an, denen sie wegen der Notlage in Darmstadt nur selten mit Gütern aushelfen kann. So fürchtet sie, dass sich Bettine in Berlin mit Männern einlässt (vgl. S. 89). Insgesamt gewinnt man den Eindruck, dass sie ihre Kinder sehr vermisst. Diese aber scheinen damit zufrieden zu sein, nicht mehr im **mütterlichen Einflussbereich** zu leben. Das mag daran liegen, dass die Mutter teilweise eine gewisse **Selbstbezogenheit** an den Tag legt. Wenn es um die Anerkennung von Leistungen anderer geht, bügelt sie diese mit dem Hinweis auf sich selbst ab (vgl. S. 277 f.). Am stärksten aber äußerst sich die Ichbezogenheit in den mal mehr, mal weniger unterschwelligen **Vorwürfen** gegenüber ihrer Tochter: Margot solle doch besser bei ihr in Darmstadt sein und auf sie hören (vgl. u. a. S. 91, 270). Und zum Teil scheint durch, dass sie Margot, für die sie sich ja so aufgeopfert habe, für undankbar hält (vgl. u. a. S. 85, 90 f., 95 f.). Selbst **grobe Grenzüberschreitungen** bemerkt sie nicht: So wirbt sie bei Margot um Vertrauen als Kameradin, liest aber Margots Briefe zu aller Unterhaltung im Luftschutzkeller vor (vgl. S. 95 f.).

Zugleich kommt sie ihrer Tochter aber manchmal auch entgegen oder macht ihr **Zugeständnisse** – etwa wenn sie behauptet, Margots Grenzen zu sehen (vgl. S. 92, 383), oder wenn sie ihr sagt, dass man sich so manchen Wortwechsel hätte sparen können (vgl. S. 94). In Verbindung mit ihren Vorwürfen klingen ihre Aussagen gelegentlich ein wenig **manipulativ:** Es wirkt so, als wolle sich die Mutter mit der Tochter gutstellen, damit sie wieder nach Hause kommt. Ihre **Selbsteinschätzung**, „überhaupt kein egoistischer Mensch" (S. 380) zu sein, darf man daher mit einem Fragezeichen versehen. Die eher negative Sicht auf die Mutter wird von Margot gestützt, die deren „Sturheit" (S. 309) betont. Immer wieder zeigt sich Margots Mutter aber auch als eine Person der **klaren Worte**. So äußert sie Margot gegenüber konkret, dass sie sich schämen solle (vgl. S. 90) und dass sie nicht immer begeistert von ihr sei (vgl. S. 372). Zur klaren Aussprache gehören auch Kraftausdrücke wie „blöder Hammel" (S. 88 f.).

Oskar Meyer

Der Wiener Jude Oskar Meyer, verheiratet mit **Wally**, hat **zwei Söhne: Georg und Bernhard**, die er aber „Georgili" und „Bernili" nennt. Der ältere, Bernili, ist nach England in Obhut gegeben worden, der Rest der Familie lebt zunächst in der **Possingergasse**. Oskar schreibt Briefe, vornehmlich an seine Cousine Jeanette in Südafrika. Ab Ende Oktober 1944 stammen seine Äußerungen vermutlich aus Notizbüchern (vgl. S. 263, 412).

Oskars Briefe und Aufzeichnungen dokumentieren das **Martyrium**, das **Juden** schon zu Beginn **unter der Herrschaft der Nationalsozialisten zu erleiden** hatten: beginnend in Wien mit den zusätzlichen „jüdischen" Namen, über den **Wohnungs-**

verlust und den Hunger bis hin zu **Demütigungen und Isolation** (vgl. S. 111–128). Oskar versucht zwar die bürokratischen Erfordernisse für eine **legale Ausreise in die USA** zu erfüllen, scheitert aber u. a. an immer wieder geänderten Bestimmungen. Die Gelegenheit, nach Ghana auszureisen und dort als Zahntechniker zu arbeiten, verpasst der eher **risikoscheue Oskar** (vgl. S. 120 f.), der nach einer späteren Aussage „ein ruhiges Leben braucht und so in mancher Hinsicht den Kampf nicht aufnehmen kann" (S. 250). Wally will ohnehin nicht akzeptieren, dass sie ihre Heimat verlassen müssen (vgl. S. 117), und Oskar will im „Hierbleiben irgendein[en] Sinn" (S. 118) sehen und meint, irgendwann werde man sie schon in Ruhe lassen. Gefährlich lange **verkennt** Oskar, dem das **Wohlergehen seiner Familie das Allerwichtigste** ist, die **tatsächliche Lage**. Erst nach dem Beginn der Deportationen von Wien **flieht** die Familie im Winter 1941/42 **nach Budapest** zu Oskars Bruder István. Dort leben sie über zwei Jahre zwar in ärmlichen Verhältnissen, aber frei.

Mit dem **Einmarsch der Deutschen** im März 1944 **beginnt das Martyrium von vorn**, was sich auch in Oskars Äußerem widerspiegelt (vgl. S. 256). Das Gefühl der Entwurzelung und Heimatlosigkeit macht sich breit (vgl. ebd.). Doch sein schrecklichster Tag kommt erst noch: der 16. Juli 1944 (vgl. S. 259). Wally und Georgili kehren von ihrem Weg zur Sonntagsschule nicht zurück. 15 Jahre gemeinsames Leben sind auf einmal dahin. Fortan plagen Oskar **Schuldgefühle**, weil er seine Familie nicht besser schützen konnte (vgl. S. 262, 401, 417). Die nächsten Monate hält er sich notdürftig über Wasser, bekommt wegen der Beengtheit seiner Unterkunft einen „Zimmerkoller" (S. 403) und will schließlich den „tristen Lebensverhältnissen" (S. 409) entkommen, indem er sich für einen **Arbeitseinsatz** meldet. Der lange Fußmarsch in die Nähe von Hainburg bringt einigen den Tod. Dort wird er bei Schanzarbeiten für den Südostwall ein letztes Mal lebendig gesehen – von Veit: „[…] ein Mann in abgerissener Kleidung, ein namenloser Sterblicher, kotverschmiert, die Hose sah aus, als würde sie von alleine stehen, wenn der Mann sie auszöge." (S. 452) Erkennbar ist Oskar an seinem bunten Halstuch, das er Wally bei deren Ankunft in Budapest schenkte (vgl. S. 261). Aus den Nachbemerkungen erfährt der Leser, dass Oskar im März 1945 während eines sogenannten **Todesmarsches** zum KZ Mauthausen[21] **ermordet** wird – so wie schon Wally und Georgili im Jahre 1944 in Auschwitz.

Figurenkonstellation

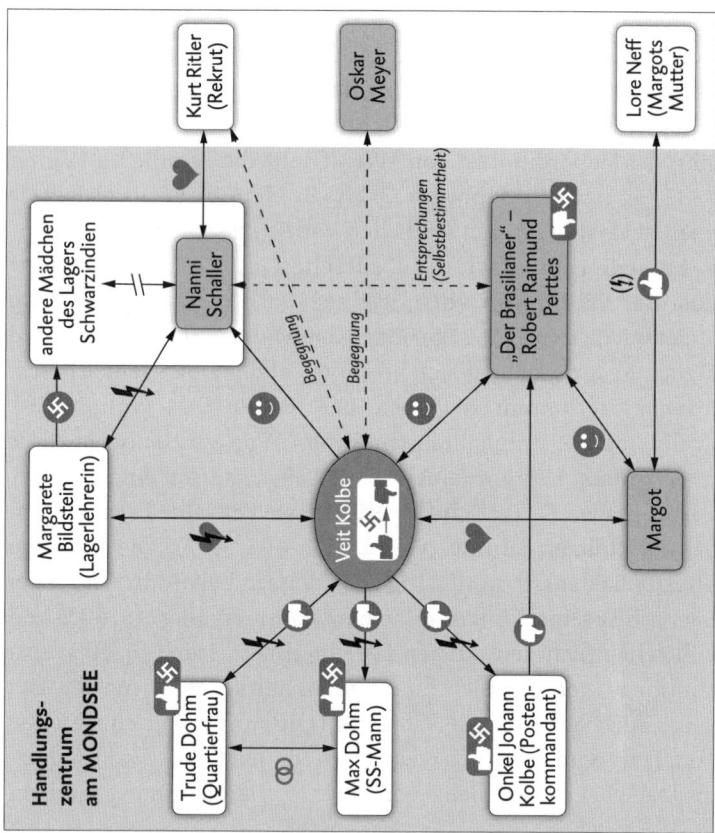

3 Aufbau und erzählerische Gestaltung

Äußerer Aufbau

35 Kapitel hat der Roman *Unter der Drachenwand*. Diese folgen einer **regelmäßigen Struktur:** Sechs oder sieben Kapitel werden aus Veits Perspektive erzählt. Dann folgen drei Kapitel, in denen jeweils Briefe von einer anderen Figur (Kurt Ritler, Oskar Meyer, Margots Mutter) präsentiert werden und in denen somit auch jeweils deren Erzählperspektive eingenommen wird. Diese Struktur wiederholt sich dreimal, wobei sich die Reihenfolge bei den mittleren Briefkapiteln ändert und das letzte Kapitel aus Oskar Meyers Perspektive offenbar nicht mehr aus Briefen, sondern aus Aufzeichnungen besteht. Die letzten vier Kapitel vor den Nachbemerkungen gehören wieder Veit Kolbe. Die **Nachbemerkun-**

Kapitelstruktur des Romans

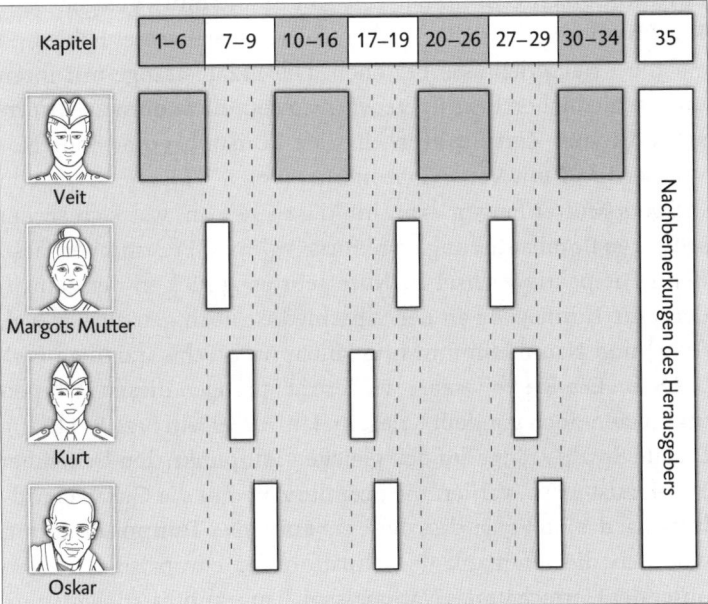

gen, das letzte Kapitel, nehmen eine **Sonderstellung** ein, weil sich hier ein weiterer Erzähler einschaltet, den man als **fiktiven Herausgeber** ansehen darf.

Zeitliche Struktur

Die Sonderstellung des Herausgebers zeigt sich auch in der Zeitstruktur. In den Nachbemerkungen heißt es: „Veit Kolbe starb am 3. Juni 2004, Margot Kolbe ist zum Zeitpunkt, da ich dies schreibe, fünfundneunzig Jahre alt." (S. 477) Damit reicht der Roman, der in seiner eigentlichen Handlung mit Veits abermaliger „Kriegsfahrt" (S. 474) im Dezember 1944 endet, bis **in die Gegenwart** herein. Das heißt, der Herausgeber fasst in einem Kapitel gut 70 Jahre zusammen, während die anderen Kapitel (mit Ausnahme der ersten Oskar-Briefe) alle in einem Zeitraum von gut einem Jahr liegen.

Innerhalb der einzelnen Erzählperspektiven wird weitgehend **chronologisch** erzählt. Bei Veit gibt es allerdings gelegentliche **Rückblenden**, die sich vor allem auf seine Schwester Hilde und auf die Kriegserlebnisse beziehen. Die Erzählstränge mit ihren unterschiedlichen Erzählperspektiven **setzen zudem zu unterschiedlichen Zeitpunkten** ein. Der Roman beginnt Ende November 1943 mit Veits Verwundung (vgl. S. 7 f.). Die Briefe von Margots Mutter fangen dann im März 1944 an, was sich an der schweren Bombardierung Frankfurts (vgl. S. 87) festmachen lässt. Beim Perspektivwechsel zu Kurt geht es zurück in den Januar, denn die Erinnerung an den Abschied ist noch ganz frisch (vgl. S. 97) und Nanni kommt Mitte Januar nach Schwarzindien (vgl. S. 45 ff.). Die Briefe Oskars wiederum sprengen diesen Rahmen und setzen noch vor dem Krieg, im Jahr 1939, ein (vgl. S. 111 ff.). Da alle Erzählstränge auf den gleichen Endpunkt, den Dezember 1944, zusteuern, variiert die erzählte Zeit. Für die Oskar-**Handlung** hat das zur Folge, dass diese ein **enormes Tempo** aufnimmt, wodurch die Dramatik der Situation der europäischen Juden unter der Herrschaft des Nationalsozialismus unterstrichen wird.

Zeitstruktur des Romans

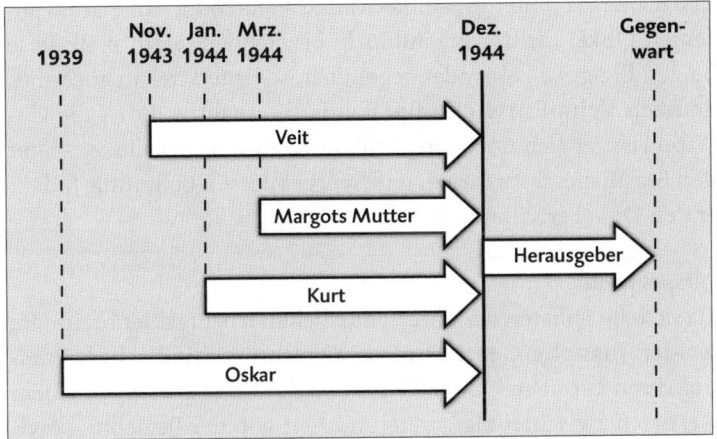

Innere Struktur

Auch wenn es auf den ersten Blick nicht so wirkt, so hat die Haupthandlung des Romans doch auch eine recht klare **innere Struktur**, die von **Symmetrie** geprägt ist. Im ersten Erzählblock (Kap. 1–6) kommt Veit aus dem Krieg und verbringt seine ersten Tage in Mondsee, im letzten Erzählblock (Kap. 30–34) bricht er dann nach seinen letzten Tagen in Mondsee wieder in den Krieg auf. Diese Symmetrie legt es nahe, Veits Verfassung am Beginn und am Ende des Genesungsurlaubes zu vergleichen: Auch wenn die psychische Versehrtheit, mit der er nach Mondsee gekommen ist, am Ende nicht überwunden ist, so konnte Veit doch mit seiner Beziehung zu Margot ein Stück Normalität zurückgewinnen und Geborgenheit erfahren. Er fährt in der Hoffnung, später mit Margot eine Familie zu gründen.

Und auch die mittleren beiden Erzählblöcke (Kap. 10–16 bzw. Kap. 20–26) sind **spiegelbildlich** angelegt: Im zweiten verschwindet Nanni und der Brasilianer wird festgenommen, im dritten kehrt der Brasilianer aus der Haft zurück und es wird Nannis Leiche gefunden.

Als **Höhepunkte** darf man dabei sicherlich die Festnahme des Brasilianers (zweiter Erzählblock) und Veits tödlichen Schuss auf seinen Onkel (dritter Erzählblock) bezeichnen. Stellt man diese beiden Ereignisse einander gegenüber, so unterstreicht auch dies deutlich **Veits Entwicklung:** Bei der Festnahme durch die Gestapo lässt er sich noch einschüchtern, aber als der Onkel später den Brasilianer festnehmen will, wagt er dessen Befreiung, indem er den Onkel erschießt.

Perspektiven

Da sich die Sphären der unterschiedlichen Ich-Erzähler berühren, werden **manche Geschehnisse** aus **unterschiedlichen Perspektiven** betrachtet. So erfährt etwa der Leser zuerst aus einem Gespräch zwischen Margarete und Veit von der Beziehung zwischen Nanni und Kurt (vgl. S. 79), deren eigene Sichtweisen (vgl. Kurts Briefe, S. 97, und Nannis Äußerungen, S. 141) erst später einen anderen Blickwinkel eröffnen. Eine zusätzliche Perspektive bietet der Brief der Mutter (vgl. S. 144). Ähnliches gilt für das Treffen von Kurt und Veit (vgl. S. 445 ff.), das wir bereits in Kurts Briefen erwähnt finden (vgl. S. 393), und für die Briefe von Margots Mutter, die dem Leser teilweise schon bekannt sind, bevor sie in Mondsee landen (vgl. S. 264 f., 290, 309). Besonders drastisch wird es auch hier bei der Oskar-Thematik, wenn durch die Außenperspektive von Veit das **ganze Ausmaß von Oskars schlimmem Zustand** zum Ausdruck kommt (vgl. S. 452).

Arno Geiger äußerte in einem Interview zu dieser erzählerischen Gestaltung, dass die „perspektivische[n] Brechungen" zuvor Gesagtes teilweise „relativier[en]"[22]. Er begründet sie damit, dass ihm ein „**dreidimensionales Bild** von der Welt" (ebd.) wichtig sei. Darüber hinaus unterstreichen sie die Subjektivität des jeweils Erzählten.

Alle Erzähler (vom Herausgeber abgesehen) berichten **aus der momentanen historischen Situation heraus.** Hier erzählt kein Überlebender mit historischem Wissen rückblickend von einer anderen Zeit seines Lebens. Der Horizont ist der der Kriegsjahre, vor allem des Jahres 1944. Man mutmaßt – etwa über das baldige Kriegsende –, aber man weiß nichts darüber. Die weitere Geschichte ist noch ergebnisoffen. Dramatisch wird dies in der Oskar-Erzählung. Mit unserem heutigen Wissen wirken seine Äußerungen teilweise naiv und man möchte ihm als Leser zurufen: Lauf weg! Doch fast bis zum Schluss will und kann er das Monströse seiner Zeit nicht begreifen.

Erzählerische Gestaltung

In erzählerischer Hinsicht unterscheiden sich die Veit-Kapitel von den anderen Kapiteln, denn deren Ich-Erzähler (Margots Mutter, Oskar und Kurt) haben – außer vielleicht bei den letzten Aufzeichnungen Oskars – einen direkten Adressaten innerhalb der Handlung (Margot, Jeannette, Nanni bzw. Ferdl). Veit indessen richtet sich nicht an eine konkrete Person. An einer Stelle wirkt es sogar fast so, als **spreche** er in einer das **eigene Erzählen thematisierenden Reflexion den Leser** an: „Und ich weiß, es sind schon ereignisreichere Geschichten von der Liebe erzählt worden, und doch bestehe ich darauf, dass meine Geschichte eine der schönsten ist. Nimm es oder lass es." (S. 205)

Bei Veit kommt hinzu, dass es **schriftliche Einschübe** gibt – z. B. **fremde Briefe**, etwa von Kurt (vgl. S. 170), Ludwig (vgl. S. 212) oder Nannis Mutter (vgl. S. 144 ff.), aber auch das Abschlussprotokoll von Onkel Johann zum Fall Annemarie Schaller (vgl. S. 318 f.). Insbesondere die (ebenfalls durch Kursivdruck abgehobene) **Einbettung von tagebuchartigen Notizen** (vgl. u. a. S. 13, 41) spricht dafür, die Veit-Kapitel selbst **nicht als Tagebuch-Aufzeichnungen** einzuordnen – auch wenn beispielsweise das gelegentliche Erzählen im Präsens darauf hindeutet (vgl. z. B. S. 11). Es finden sich zudem Hinweise darauf, dass Veit aus einer gewissen zeitlichen Distanz erzählt – z. B. wenn er zur ersten Begegnung mit Dohm festhält, dass es „das einzige Mal" war, „dass er freundlich mit mir redete" (S. 207).

Insgesamt dominiert im Roman die Darbietungsform des **Erzählerberichts**. In diesen ist vor allem bei Veit immer wieder **Figurenrede** eingebettet, die von wörtlicher Rede über indirekte Rede bis hin zu erzählter Rede („Ich berichtete von den nervösen Anfällen, die ich regelmäßig hatte", S. 147) reicht. Die Konzentration auf beobachtbares Geschehen vermittelt ein konkretes Bild vom Alltag in Kriegszeiten.

Neben die Schilderung äußerer Handlung tritt aber auch immer wieder die Darstellung **inneren Geschehens:** Insbesondere in den Hauptprotagonisten Veit erhält der Leser auf verschiedene Weise Einblick – durch indirekte oder direkte **Gedankenrede** („Wie seltsam das alles ist, dachte ich [...].", S. 64), durch die direkte **Benennung von Empfindungen** („ich war froh", S. 9) oder auch durch die **sprachbildliche Veranschaulichung innerer Vorgänge** („Wie eine Sturzwelle kamen die Bilder und spülten mich in den kalten Schacht namens Krieg [...].", S. 139).

Insbesondere bei Veit finden sich auch **abstrahierende Reflexionen und Kommentare**, die oft eine urteilende Dimension haben:

> *[D]ieser diffuse, nicht enden wollende, immer schlimmer werdende, in immer dunklere Jahre hineinführende und alles Zivile aushöhlende Spuk, in dem das Schlechte in den Menschen immer deutlicher zutage trat, auch bei mir.* (S. 462 f.)

4   Zum Verhältnis von Fiktion und Wirklichkeit

Die Übereinkunft bei der Textgattung Roman ist (im Gegensatz zu einem Werk der Geschichtsschreibung), dass das Beschriebene keine Entsprechung in der Wirklichkeit haben muss. Es ist allerdings auch nicht „verboten". Gegenwartsautoren wie Karl Ove

Knausgård oder Joachim Meyerhoff bewegen sich mit ihren autobiografischen Romanen sehr nah an der – subjektiv wahrgenom-
menen – Wirklichkeit. Wie aber gestaltet sich das Verhältnis von
Fiktion und Wirklichkeit in Geigers Roman?

Die **örtlichen Begebenheiten stimmen** mit denen der
Wirklichkeit größtenteils überein. So gibt es im Salzkammer-
gut am Mondsee die titelgebende Drachenwand mit den Orten
Mondsee, Schwarzindien, St. Lorenz und Plomberg ebenso wie
die genannten Straßen in Wien (etwa die Possingergasse, vgl.
S. 20) oder Budapest (etwa die Stáhly utca, vgl. S. 245).

Der Mondsee mit den wichtigsten Handlungsorten (Ansichtskarte von 1911)

Auch die **zeitgeschichtlichen Geschehnisse** im Roman entsprechen der **historischen Wirklichkeit**, seien es der deutsche
Einmarsch in Budapest, die Bombenangriffe auf Darmstadt,
Frankfurt und Salzburg, die Erschießungen von Juden nach der
Machtergreifung der Pfeilkreuzler oder auch die Kriegsschauplätze
in der Ukraine. Und selbst das Lager der Kinderlandverschickten
in Schwarzindien, das bereits in Geigers Erfolgsroman *Es geht uns
gut* auftaucht,[23] hat es wirklich gegeben. Nach Geigers Auskunft
war es sogar der **Ausgangspunkt für das Romanprojekt:**

> *Ich hatte vor vielen, vielen Jahren so einen Zufallsfund, die Korrespondenz eines Lagers, Kinderlandverschickung, Schwarzindien am Mondsee – die Kinderbriefe, Elternbriefe, Behördenbriefe –, und das hat alles in Gang gesetzt, also ein Zufall.* [24]

Diese Briefe und andere Zeitdokumente waren für den Autor Quellenmaterial – in dem Sinne, dass er daraus ein **Gefühl für die Probleme, das Denken und das Erleben der Menschen in dieser Zeit** gewinnen und **Anregungen** für seine Figuren bekommen konnte. Historische Sachbücher erschienen ihm dafür nicht geeignet, da sie von heute auf die damalige Zeit blicken. Daraus leitet sich auch sein **Schreibziel** ab: Geiger wollte dem Leser **Zugang zum „emotionalen Raum"** dieser Zeit verschaffen, indem er erzählt, wie es sich „angefühlt haben [mag] im fünften, sechsten Kriegsjahr" (ebd.).

Anderer Art ist der Bezug zur **Biografie** von Geigers Vater, die sich aus seinem autobiografischen Buch *Der alte König in seinem Exil* erschließen lässt und zu der der Roman erstaunliche Parallelen aufweist: „Im Februar 1944 erhielt der Vater Kriegsmatura und wurde eingezogen, ein siebzehnjähriger Gymnasiast" [25], der wie Kurt noch im letzten Kriegsjahr „verheizt" wurde – mit dem Unterschied, dass der Vater überlebte und bei Hainburg (!) aus sowjetischer Gefangenschaft entlassen wurde (vgl. ebd., S. 43). Wie Veit war er Kraftfahrer an der Ostfront (vgl. ebd., S. 42) und wollte Elektrotechnik studieren (vgl. ebd., S. 45).

Diese Formen der Verankerung des Romans in der Wirklichkeit beschreibt Arno Geiger metaphorisch wie folgt:

> *Der Roman ist ein erfundenes Haus mit echten Türen und Fenstern [...].* [26]

Im Hinblick auf das Verhältnis von Fiktion und Wirklichkeit spielen die **Nachbemerkungen** eine besondere Rolle: Sie **suggerieren**, dass hier ein **Herausgeber** spricht, der die weiteren Lebensgeschichten der Figuren **recherchiert** hat, und damit

auch, dass es die Figuren **tatsächlich gegeben** hat (vgl. z. B. den
Schlusssatz des Romans). Berechnet man mithilfe des Lebens-
alters von Margot – als der Herausgeber seinen Text schreibt, ist
sie „fünfundneunzig Jahre" (S. 477) – den Schreibzeitpunkt, dann
landet man zeitlich in der Gegenwart des 2018 erschienenen
Romans, also in der Schreib- und Erzählgegenwart des Autors.
Geiger **fingiert** insofern einen **Herausgeber mit Bezügen zu
seiner eigenen Person**, wodurch die „Authentizitätsfiktion"[27],
wie es die Publizistin Iris Radisch nennt, noch verstärkt wird. Der
Leser fragt sich: Haben die Personen vielleicht wirklich gelebt?
Hat das alles so stattgefunden? Durch dieses Spiel mit Fiktion
und Wirklichkeit wird der Leser dazu angeregt, über das Verhältnis von dokumentierter Historie und der literarischen (An-)Ver-
wandlung des historisch Faktischen nachzudenken.

5 Zentrale Themen und Aspekte

Kriegsalltag und Normalität

> *„Der große weiße Fleck im Leben der Menschen ist der eigene
> Alltag."*[28]

Um dem Leser **Zugang zum „emotionalen Raum"** der damaligen Zeit zu verschaffen, stellt Geiger den **Alltag in Kriegszeiten**
ins Zentrum seines Romans – und zwar nicht den Alltag an der
Front, sondern im zivilen Hinterland. In diesem Sinne ist auch
das Figurentableau gestaltet. Es sind alles **Durchschnittsmen-
schen**, die diesen Roman bevölkern, die sogenannten kleinen
Leute. Als würden sie nicht dazugehören, werden „Nazigrößen"
meistenteils namentlich nicht genannt. Hitler wird reduziert auf
ein F. oder H. (vgl. u. a. S. 69, 135), Göring wird nur der dicke
Reichsmarschall genannt (vgl. S. 337) und Goebbels der Minister
für Öffentlichkeitsarbeit (vgl. S. 174).

Indem Geiger den Kriegsalltag der Normalbevölkerung beschreibt, führt er dem Leser vor Augen, welche **Auswirkungen
der Krieg** selbst auf diese hat. Das beginnt bei der **Güterknapp-
heit**, die sich auch im Kleineren zeigt: So muss Veit statt eines
ordentlichen Verbandes einen „Strumpfbandgürtel" (S. 25) be-
nutzen, die ursprünglich verkaufsfördernde Inschrift „Komm
wieder!" (S. 50) auf Veits Waschlappen bekommt plötzlich eine
existenzielle Bedeutung und 50 g Bohnenkaffee beträgt die Ent-
schädigung für die Überlebenden des Bombenangriffs auf Darmstadt (vgl. S. 382). Die Briefe zwischen Margot und ihrer Mutter
zeugen immer wieder davon, dass viele – sonst ganz „alltägliche"
– Dinge nicht verfügbar sind (vgl. u. a. S. 272). Die Menschen
leiden aber auch unter Veränderungen der sozialen Beziehungen,
beispielsweise weil die Männer an die Front müssen und ihre
Frauen allein zu Hause lassen. Noch drastischer sind die Auswirkungen, als der Krieg direkt in die Städte kommt. Die **Bombardierungen** Darmstadts mit vielen Tausend Todesopfern lassen
einen natürlichen Tod zu einer „Rarität" (S. 375) werden.

Fronterfahrungen, ihre Folgen und die Sehnsucht nach Normalität

Für den **Frontsoldaten Veit** sind die Auswirkungen des Krieges
besonders **gravierend**. Der Alltag in Wien und Mondsee, der ja
selbst schon eine gegenüber früheren Zeiten stark veränderte Realität darstellt, muss ihm, der die letzten Jahre im Krieg verbracht
hat, als **erstrebenswerte Normalität** erscheinen (vgl. S. 22, 42).
Das Leben von Veits Vater, der sich „an der Schwelle zu einer großen Zeit" (S. 22) wähnt, ist noch nicht von **übergroßen Verlus-
ten** geprägt, **Veits Leben hingegen schon:** „Krieg war ja eigentlich das einzige, was ich noch kannte." (S. 42) Und tatsächlich
wird der Krieg auch als „chronische[] Krankheit" (S. 280) erkannt.
In der Konfrontation mit dem zivilen Leben hinter der Front wird
Veit der Verlust und die mit ihm einhergehende **Veränderung
des eigenen Ichs** erst bewusst: „Wie weit die Verzerrung des ei-

genen Wesens schon vorangeschritten ist, merkt man erst, wenn man wieder unter normale Menschen kommt." (S. 42) Mit der Liebe zu Margot hegt der traumatisierte Soldat Veit aber wieder „die Hoffnung, ein normaler Mensch zu werden, ein Mensch, wie andere normale Menschen" (S. 281). Er will sein „kleines Privatleben führen, wie es in einer besseren Welt selbstverständlich wäre" (S. 313). Ähnlich geht es Kurt. Auf dem Weg an die Front schreibt er seinem Freund Ferdl: „Oft denke ich an die Zeit zurück, wo's normal zur Schule ging, man stand um Viertel vor sieben auf und mittags war man wieder frei. Die Zeit sollte noch einmal kommen." (S. 397)

Zur Verzerrung des eigenen Wesens darf man auch die **Abstumpfung** zählen, die sich beispielsweise in dem Fußballspiel der Soldaten mit einem Totenschädel zeigt (vgl. S. 323), auch wenn Veit dies nicht als Respektlosigkeit gegenüber dem Toten, sondern gegenüber dem Tod an sich deutet. Der Krieg lässt nach Veit das „Schlechte in den Menschen" (S. 462 f., vgl. auch S. 437) zutage treten: An der Front gehen „Persönlichkeiten in Trümmer" (S. 437) und je länger der Krieg dauert, desto „brutaler und mitleidloser" (S. 463) wird er nach seiner Auffassung. Der Roman führt so die **Entmenschlichung durch den Krieg** vor Augen und kann daher als **Antikriegsroman** bezeichnet werden.

Ideologisierung und „Gleichschaltung"

Totalitäre Diktaturen wie das nationalsozialistische Regime im letzten Jahrhundert versuchen, die **Freiheit des Menschen nicht nur äußerlich zu beschneiden**, sondern auch den **inneren Raum unter ihre Kontrolle** zu bringen. Sie sind bemüht, **Einfluss auf das Denken** der Menschen zu gewinnen, um darüber deren Verhalten lenken zu können. Wie die **Nationalsozialisten** mit der Ideologisierung **schon bei den Kindern ansetzten**, wird in *Unter der Drachenwand* v. a. an den Mädchen vom Lager *Schwarzindien* deutlich. Bei der Kinderlandverschickung ist die Möglichkeit der Kontrolle fast uneingeschränkt. Das **Unbehagen der Eltern wegen der Veränderung der Mädchen** und wegen des **Verlusts ihres Einflusses** ist am Elternbesuchstag deutlich zu spüren (vgl. S. 163 ff.). Mit „Drill und Dressur" (S. 58) oder mit „irreal anmutender Leni Riefenstahl-Choreografie" (S. 324)[29] versucht die Partei, „ihren Lebensraum in die Köpfe der Kinder auszudehnen" (S. 172). Der natürliche Freiheitsdrang der Kinder wird beschnitten und geformt.

Veit verurteilt die „Fortschritte bei der Kinderdressur" (S. 324), die sich bei Nannis Begräbnis zeigen. Sie führen dazu, dass keines der Mädchen an Nannis Grab auch nur eine Träne vergießt. Bezeichnenderweise singen sie *Ich hatt' einen Kameraden*[30], in dem ein Soldat einem von einer Kugel getroffenen Freund die Hand nicht reicht, weil er nachladen muss (vgl. S. 326).

Klarster Vertreter der Ideologie ist der **SS-Mann Dohm**. Nach der Aussage des Brasilianers „markiere" er „im Generalgouvernement den neuen Menschen" (S. 135) und verbreitet den „Mief seiner Ideologie" (S. 332). Und seine Erschießung der Hündin deutet darauf hin, dass er sie als „unwertes Leben" (vgl. S. 214) einstuft. Die „Führergläubigkeit" als Bestandteil der Ideologie scheint vor allem bei der **Quartierfrau** durch, die Hitler als Vorbild an Disziplin hervorhebt (vgl. S. 80) – aber auch **Veit** war offenbar früher überzeugt, „dass der F. ein großer Mann war" (S. 135).

Am Brasilianer zeigt der Roman, wie das NS-System mit Menschen umging, die sich der nationalen Zwangskollektivierung des Denkens entziehen wollten. Er bekommt den ganzen **Repressionsapparat** zu spüren: Der brutalen Verhaftung durch die Gestapo folgt eine Verurteilung „[a]ufgrund von falschem Denken" (S. 204) und aus seiner Haft, bei der „Folterungen [...] Alltag" und „Todesfälle Routine" (S. 295) sind, kehrt er versehrt zurück. Wer **nicht mehr formbar** ist, wird **verfolgt und inhaftiert**. Und das wiederum führt auch zu einer **sozialen Isolation**. Als er aus dem Gefängnis entlassen wird, will offenbar keiner mehr etwas mit ihm zu tun haben (vgl. S. 293). Und als Veit seine Vermutung bezüglich des Verbleibs des Brasilianers äußert, sagt Margot nicht ohne Grund: „Misch dich nicht ein [...]." (S. 354)

Der **Verlust an menschlichem Mitgefühl**, das nach Veits Aussage „im System nicht vorgesehen" (S. 166) ist, und die Zunahme von Härte zeigen sich besonders drastisch bei **Oskar und seiner Familie**. Bereits in Wien hatte er feststellen müssen, dass die Nachbarn in der Possingergasse (also auch die Kolbes!) keinen großen Anteil an deren Schicksal nehmen (vgl. S. 113). Die Frauen in den Fenstern „schauen gleichgültig zu" (S. 116) – auch Kurts Mutter hatte ein Polster auf ihrer Fensterbank (vgl. S. 103). Oskars gesamte Geschichte führt dem Leser die Schrecken der Judenverfolgung vor Augen – von der **Vertreibung aus dem Zuhause** über **körperliche Gewalt** bis hin zur **physischen Auslöschung**. Auf seinem Todesmarsch, isoliert und mittlerweile jeglicher Würde beraubt, muss er feststellen: „Ich war erstaunt über den normalen Fortgang des Lebens außerhalb meiner eigenen Situation." (S. 414)

Auch **Veit Kolbe** hat bisher nach der Devise gelebt: „Was gehen mich die Juden an?" (S. 453) Die Gedanken, die er sich über die **Erschießungen hinter der Front** macht, haben mehr mit ihm selbst als mit den Opfern zu tun. Die Kernfrage lautet: „[W]as wäre, wenn ich zu einer Erschießungsaktion eingeteilt würde." (S. 454) Das Ergebnis seiner Überlegungen ist in Bezug auf den Begriff von Normalität sehr erkenntnisreich:

Nie hätte ich gedacht, dass ich je über solche Dinge nachdenken müsste. Denn über so etwas nachdenken heißt, sich damit vertraut machen, das heißt, den Begriff von Normalität verändern, langsam in eine andere Normalität hinüberwechseln. (S. 454)

Gegenwelten zum NS-System

Mit dem Brasilianer, „an dem der Hebel zur Gleichschaltung nicht umgelegt worden war" (S. 133), enthält der Roman eine Figur, die wie keine andere gegenüber dem NS-System **Zivilisiertheit**

und Menschlichkeit verkörpert – vielleicht abgesehen von Oskar, der aber als Opfer des NS-Systems im Roman wenig Handlungsspielraum besitzt. Dass ausgerechnet der Brasilianer ein **Außenseiter** ist, dem man nachstellt und die Ehrenrechte aberkennt, sagt viel über den Zustand der Gesellschaft aus. Während sich Veits NS-kritische Überlegungen zunächst vor allem auf den Krieg beziehen, setzt der Brasilianer grundsätzlicher an und nimmt auch eine stark **ideologiekritische Position** ein. Statt von der „Deutschen Volksgemeinschaft" spricht er von der „Deutsche[n] Verbrechergemeinschaft" (S. 299) und kritisiert die allumfassende Unfreiheit (vgl. S. 297) im Land, das „ein auf Grund gelaufenes Sklavenschiff" (S. 297) sei. Er greift auch die nationalsozialistische Rassenlehre an: „Wer bei der Einschätzung von Menschen Rasse zur obersten Kategorie erhebt, [...] gibt keinen Beweis seiner Überlegenheit." (S. 173 f.)

Seine widerständige Haltung und seine Überzeugungen tragen aber auch **philosophische Züge**. So ermutigt er Veit, seinen eigenen Kopf zu verwenden (vgl. S. 136), sich also im besten Kant'schen Sinne[31] seines eigenen Verstandes zu bedienen. Zudem grundiert er seine Kritik an Ideologie und totalitärer Diktatur **kultur- bzw. zivilisationskritisch**, beispielsweise wenn er sie auf das „Europäertum, in dem Hass als Kulturerrungenschaft gilt", (S. 136) ausweitet oder dem Zustand im Hier und Jetzt sein „*Zurück zur Natur*" (S. 335) entgegenhält. Nach seiner Auffassung können „in dieser Zeit der Umwertung der Werte" (S. 295) die „Begriffe von dem, was Zivilisiertheit sei, [...] nicht aufrecht erhalten werden" (S. 177). **Zivilisation** sieht er **nicht mehr in Europa**, sondern **in Brasilien**, dort, wo es aus seiner Sicht **natürlich** und **ursprünglich** zugeht und **Freiheit** herrscht (vgl. S. 297 f.). So echauffiert sich der Brasilianer über den Begriff „Urwaldhölle": „Auf eine solche Idee kann nur der Maschinenmensch kommen. Die Hölle ist hier. Tötung mit Hilfe von Maschinen." (S. 298) Der Brasilianer erwähnt zwar nur den elektrischen Stuhl und das Maschinengewehr (vgl. ebd.), aber der **industrialisierte Völkermord an den europäischen Juden** ist – wenn man weiterdenkt – die logische Konsequenz, zumal der Brasilianer kurz zuvor die Toten als Bewertungsmaßstab benannt hat: „Jeder halbwegs nüchterne Mensch muss ein politisches System mit den Augen der Toten betrachten." (S. 295 f.) Der zivilisationskritischen Perspektive des Brasilianers darf man deshalb eine größere Bedeutung im Roman zuschreiben, weil Oskar ähnliche Erfahrungen macht: Sein Glaube an die „altvertrauten zivilisierten Städte" (S. 407), Wien und Budapest, hält ihn in Europa – zu spät erkennt er: „Vor Wien hätte ich Angst haben sollen, und vor Budapest hätte ich Angst haben sollen, und nach Hlatikulu hätte ich gehen müssen." (S. 407 f.) Die bisherigen Zuschreibungen von „Zivilisation" und „Barbarei" passen nicht mehr.

Das **Ideal der Natur** zeigt sich auch in anderen Äußerungen des Brasilianers, beispielsweise im **Kontrast zu militärischer Ordnung:** „[K]ein Tier käme auf die Idee, sich in Zweierreihe fortzubewegen, das sei absurd." (S. 133) Nach seiner Auffassung wirkt solche Ordnung in suggestiver Weise auf den Menschen, indem sie Notwendigkeit vorspiegelt: „Wie auf einem Soldatenfriedhof, alles in Reih und Glied. Auf einem Soldatenfriedhof wollen die Gräber auch glauben machen, dass die Soldaten gestorben sind, weil die Ordnung es verlangt hat." (S. 324) Der Gegensatz von Natur und (militärischer) Ordnung scheint dabei auch in Veits direkter Gegenüberstellung von Drinnen (Mädchenlager) und Draußen (Natur) auf: „[…] brach das Wild aus den Wäldern, der Uhu flatterte […], die Füchse bellten […], kamen die Singvögel […], der See plätscherte […] Und drinnen schon wieder Kommandotöne." (S. 58)

In einem Interview hat Arno Geiger angemerkt, dass der Krieg im Menschen „ganz selbstverständlich den Wunsch" wecke, „Schönes zu bewahren"[32] – und zu diesem Schönen zählt der Autor die „unbeteiligte, sich um den Krieg nicht kümmernde Natur", aber auch „[g]elungene soziale Beziehungen"[33]. Entsprechend hat im Roman auch die **Liebe** einen ganz besonderen Stellenwert. Wie die Welt des Brasilianers mit seiner Idealisierung der Natur und Brasiliens kann sie als eine **Gegenwelt zu Krieg und NS-System** verstanden werden. Bei Margot findet Veit, der vier Jahre im Krieg verbracht hat, wieder „Geborgenheit" (S. 205) und einen **Schutzraum der Privatheit**, die ihm das NS-Regime genommen hat (vgl. S. 28). Veit selbst stellt erstaunt fest, dass „die Liebe sogar den Krieg von einem entfernt" (S. 279). Ganz in diesem Sinne hat Arno Geiger in Interviews geäußert, dass „alle totalitären Systeme […] das Private als etwas Unbeherrschbares unterbinden"[34] wollen und dass „die größtmögliche Ferne von Krieg […] vielleicht die Liebe"[35] sei. Daher sieht der Autor auch den „Liebesroman" als den „wahren Antikriegsroman"[36] an. Nicht ohne Grund rückt gegen Ende des Romans die Liebesbeziehung zu Margot als „etwas Haltbares" (S. 464) in den Blick, das den Krieg überdauern kann. Die Bedeutung der Liebe wird noch dadurch unterstrichen, dass sich die Stelle, an der Veit das eigene Erzählen thematisiert, auf die Liebesgeschichte bezieht: „Und ich weiß, es sind schon ereignisreichere Geschichten von der Liebe erzählt worden, und doch bestehe ich darauf, dass meine Geschichte eine der schönsten ist. Nimm es oder lass es." (S. 205)

Die Okkupation des Privaten

Physisch äußert sich das Private nirgends deutlicher als in den **eigenen vier Wänden**. Es ist der **uneingeschränkte Rückzugsraum** aus der Öffentlichkeit. In der NS-Zeit wurde dem, der nicht zur „Volksgemeinschaft" gehörte, dieser Raum beschnitten oder gar ganz genommen. In gewisser Weise zeigt sich das schon beim Brasilianer, der im Zuge der Verfolgung durch den Staat zunächst inhaftiert und später zur Flucht gezwungen ist, woraufhin ihm durch die Einquartierung von Flüchtlingen das ganze Anwesen genommen wird (vgl. S. 344). Sein eigener Freiraum wird dabei immer enger: vom Anwesen mit Gewächshaus in ein kleines „nicht beheizbares Zimmer" (S. 353) im Gasthaus *Schwarzindien* und vielleicht sogar in ein „Erdloch" (S. 365). Selbst die „persönlichen Besitztümer des Brasilianers" (S. 345) werden weggesperrt.

Noch dramatischer verläuft dieser Prozess bei **Oskar**. Seine Familie wird **aus der Wohnung** in der „Possingergasse" (S. 113) **gedrängt**, ihr **Hab und Gut** muss sie **größtenteils verkaufen** (vgl. S. 115). In der neuen Unterkunft hausen sie bald zu siebt in einem Zimmer (vgl. S. 119). In Budapest geht die gleiche Prozedur von vorne los, nur dass diesmal der Ausgangspunkt bereits eine „Absteige" (S. 245) mit Toilettenengpässen ist. Dann erlebt er das „Eingepferchtsein" (S. 408) in einem mit „einem gelben Stern gekennzeichneten Haus" (S. 401). Schließlich landet er in einem der „geschlossenen Viehwaggons" (S. 413). Diesem **Schwinden des physischen Privatraums** entspricht im psychischen Bereich die **Ent-Eignung des Seelischen**: „Die Lebensweise, die jeder Mensch in sich trägt, ist mir genommen." (S. 261) An anderer Stelle formuliert Oskar, wie sehr das „starre Unglück" in seinem Leben „die Persönlichkeit angreift" (S. 409).

Während die gerade beschriebenen Okkupationen im totalitären System der Nationalsozialisten begründet sind und sich in erster Linie auf die Feinde des Systems erstrecken, fordert der **Krieg als solcher** natürlich weitere **Opfer des privaten Raums**, die sich dann auf die Gesamtgesellschaft erstrecken:

> *Krieg hat einen Totalitätsanspruch. Krieg dringt in alles ein und davon erzählt „Unter der Drachenwand" auch, wie Krieg ins Persönliche, ins Private eindringt.*[37]

Am deutlichsten wird dies bei den **Bombenangriffen** auf Darmstadt, wo massiv privater Wohnraum zerstört wird. Aber auch in Mondsee werden „die Wohnverhältnisse im Dorf [...] immer beengter" (S. 341). Darüber hinaus liegt die Bedrohung durch Bomben ständig in der Luft – wie ein Begleitsound ziehen sich die Geräusche der fliegenden Bomber durch das gesamte Buch.

Erziehung, Erwachsenwerden und Generationenkonflikte

Bei Nanni Schaller hängen die **Eingriffe in den privaten Bereich** eng mit einem weiteren Thema zusammen, das den Roman prägt: mit den zahlreichen **Generationenkonflikten**. Nanni ist nicht nur den systemimmanenten Erziehungsindoktrinationen ausgesetzt, sie wird auch stark in der Privatsphäre verletzt, als die **Lagerlehrerin** Kurts **private Briefe** an Nanni **öffnet** und deren Mutter über ihren Inhalt informiert. In demokratischen Staaten ist das Briefgeheimnis verfassungsrechtlich geschützt, ein unbefugtes Öffnen ein Straftatbestand.[38] Zudem verbieten die Eltern jeden künftigen Umgang zwischen Nanni und Kurt und treffen diese damit in ihrem intimsten (und damit privatesten) Bereich: in ihren **Liebesgefühlen**. Der Brief der Mutter an Nanni (vgl. S. 144 ff.) offenbart ihre **Strenge und Härte** – Veit sieht in ihm eine ‚brutale Einschüchterung' (vgl. S. 143) der Tochter.

Konflikte zwischen den Generationen zeigen sich auch bei Margot, Kurt und Veit. Margot hat früher mit ihrer Mutter viel Streit gehabt (vgl. S. 94). Ihre Heirat mit Ludwig diente ihr mitunter als Mittel der **Loslösung vom Elternhaus**. Kurt hat vor allem mit seinem Vater **adoleszenztypische Auseinandersetzungen**. Dass der Junge mit ihm „über Sitte und Anstand diskutieren" (S. 100) muss, deutet auf das zugrunde liegende Erziehungsziel der **Selbstkontrolle** hin. Später wird Kurt an Ferdl ganz in diesem Sinne schreiben: „Irgendwie gelingt es mir, mich zu beherrschen. Erwachsen sein heißt ja vor allem, dass man gelernt hat, sich zu beherrschen." (S. 389)

In eine ähnliche Richtung weisen die Wörter „*Standhaftigkeit* und *Konsequenz*" (S. 437), die in Veits Erziehung durch seinen Vater eine große Rolle gespielt und ihm die „Kindheit verdorben" (S. 437) haben. Dass ihm andere – offenbar die Wehrmacht – „mit denselben Wörtern" die „Jugend und das junge Erwachsenenalter" (S. 437) verdorben haben, ordnet die Erziehungsmaximen des Vaters historisch ein: Sie erscheinen als **Produkt ihrer Zeit**.

Die **Verbindung zwischen privater Erziehung und der „großen Geschichte"** wird von Veits Aussage, der Krieg setze das fort, was „die Familie an Persönlichkeitszerstörung anfängt" (S. 437), noch unterstrichen. **Familie** erscheint hier nicht als Schutzraum, sondern als Ort der **(psychischen) Gewalt**. Entsprechend geraten Veit, der den Krieg angesichts seiner Erfahrungen inzwischen verurteilt, und sein Vater, der weiterhin Durchhalteparolen verkündet, immer wieder aneinander, bis Veit mit ihm bricht. Der Schuss auf den Onkel, der sowohl körperlich als auch charakterlich dem Vater ähnelt (vgl. S. 288, 348), könnte vor diesem Hintergrund als **symbolischer Vatermord** interpretiert werden.

Ideologie, Verblendung und Durchhalteparolen

So heroisch und bedeutsam der 20. Juli 1944[39] für die deutsche Geschichte auch ist, kurzfristig verhängnisvoller war die unerschütterliche Loyalität, die Hitler und seinem Regime zu diesem kritischen Zeitpunkt – und bis in das Jahr 1945 hinein – von einer Mehrheit der Deutschen, vom Großteil der Wehrmacht und natürlich von der Partei und ihren Organisationen entgegengebracht wurde.[40]

Auch in Arno Geigers Roman gibt es diese **Loyalität und kaum Auflehnung gegen den offensichtlichen Irrsinn**. Die Städte sind zerbombt, Tote gibt es fast in jeder Familie, die vertrauten Gesichter werden immer weniger (vgl. S. 438) und die Meldungen im Radio weisen eigentlich eindeutig in Richtung Niederlage (vgl. u. a. S. 205 f., 285). „[M]an lebt eben im Krieg" (S. 88), sagt Margots Mutter lapidar. Der Krieg wird wie ein unabänderliches Schicksal akzeptiert, das **System wenig infrage gestellt**. Wenngleich alles in Schutt und Asche liegt, wähnt man sich nach wie vor auf der richtigen Seite. „Es ist ein Krieg der wahren Ehrlichkeit gegen die größte Schlechtigkeit" (S. 395), schwadroniert Kurts Hauptmann und Herr Hans mahnt: „Schwarzsehen ist Verrat."

(S. 271) Das gibt das allgemeine Denken an der „Heimatfront"
ganz gut wieder. Selbst das sinnlose Unternehmen „Volkssturm"
wird einfach hingenommen. Daraus ergibt sich auch wiederum
ein **Generationenkonflikt**, nämlich „dass die Kinder, das angeblich teuerste Gut des F., jetzt ausbaden sollten, was die verrückten
Eltern ausgeheckt hatten" (S. 345). Besonders deutlich wird der
Konflikt, als Veit auf eine der Durchhalteparolen des Onkels entgegnet, dass „die, die jetzt behaupteten, dass sie wüssten, wie man
sich noch einmal aus der Affäre winden könne, [...] naturgemäß
die Richtigen [wären], um nach vorne geschickt zu werden, anderen bliebe Schreckliches erspart." (S. 169) Der Onkel geht darauf
nicht ein. Seine Ignoranz spricht Bände.

Die **jungen Männer an der Front**, allen voran Veit, wissen es
besser und **beurteilen den Krieg** aufgrund ihrer schrecklichen
Erfahrungen **realistisch und kritisch:** „Das gute Ansehen des
Krieges beruht auf Irrtum." (S. 81, vgl. S. 345: „Der totale Krieg
war ein totaler Betrug.") Auch Kurts Bruder Erhardt ist desillusioniert: „Du glaubst nicht, was ein Mensch vermag." (S. 243) Und
sogar „*halbe Kinder*" (S. 396) wie Kurt, der selbstironisch äußert,
dass sie mit ihm und seinem Freund Ferdl nun den Krieg gewinnen wollten (vgl. S. 244), wissen um ihre Gefährdung: „[E]rwi-
schen kann es einen überall." (S. 396) Das heißt: Jeder, der seinen
Verstand gebraucht, kann wissen, was da gerade geschieht. Dennoch möchte Kurt in keinem anderen Regime leben (vgl. S. 448 f.).
Die **jahrelange ideologische Verblendung** hat eine rationa-
le Weltbetrachtung offenbar überlagert und verdrängt.

Neben Veit äußern sich nur wenige Figuren kritisch zum Krieg.
Nanni entgegnet Veit, der immerhin ein Soldat ist, trocken: „Wir
werden den Krieg verlieren." (S. 143) Auf ihrer späteren Beerdigung verpackt dann der **Pfarrer kritische Bemerkungen in
katholische Metaphorik** (vgl. S. 325). Eine weitere kritische
Stimme kommt von Herrn Kresser, der in Bezug auf das zerbomb-
te Darmstadt zu bedenken gibt, dass es eben so sei, wenn man

gegen den Wind spucke (vgl. S. 271) und dass man jetzt nur das bekäme, „was von Anfang an auf der Packung gestanden habe in fünf dicken Buchstaben: Konrad, Richard, Ida, Emil, Gustav" (S. 370). Ähnlich wie bei Kurt steht hier zwischen den Zeilen: Das hätte man **von Anfang an wissen können**, wenn man **nicht so verblendet** gewesen wäre.

Neben der ideologischen Verblendung gibt es aber noch eine **andere Triebfeder**, die zur **Verdrängung** führt: **Angst**. Bei Margots Vater, ebenfalls Soldat, steckt pures Entsetzen in der Frage, ob seine Frau denn wüsste, was das bedeute, wenn der Krieg verloren ginge (vgl. S. 378). Langsam sickern das **Bewusstsein möglicher Folgen** und der Gedanke, die Bomben könnten noch nicht alles gewesen sein, auch in die **Zivilbevölkerung**. Für Veits Vater geht es gar in shakespearescher Dramatik um „Sein oder Nichtsein" (S. 224). Seine zunehmende Sorge, den Krieg vielleicht doch zu verlieren, zeigt sich daran, dass er im Zusammenhang mit dem Krieg die zuversichtlicheren Begriffe „bestimmt" und „mit Sicherheit" durch „hoffentlich" ersetzt (vgl. S. 218). Und auch Margots Mutter möchte nicht nach Sibirien verfrachtet werden, um bei 40°Kälte Zwangsarbeit bis zum Umfallen zu leisten (vgl. S. 271). Die **Durchhalteparolen** darf man insofern auch als eine **Form des Selbstschutzes** begreifen, als **Verdrängung der angstbesetzten Möglichkeit**, den **Krieg zu verlieren**.

Der Schrei des Unerwähnten: Holocaust und Zwangsarbeit

> *Was sind das für Zeiten, wo*
> *Ein Gespräch über Bäume fast ein Verbrechen ist*
> *Weil es ein Schweigen über so viele Untaten einschließt!*[41]

Wie in diesen Gedichtzeilen von Bertolt Brecht geht es in Arno Geigers Roman auch um das, was nicht gesagt wird, so wie auch Nanni Schaller in Abwesenheit präsenter denn je ist (vgl. S. 188).

„Nicht sagen" heißt bei Geiger nicht „verschweigen". Denn Einiges wird angedeutet und erwähnt, wenig davon aber ausgeführt.

So tauchen die **Konzentrationslager** im Text kaum auf. Konkret wird der Begriff (von den Nachbemerkungen abgesehen) überhaupt nur zweimal genannt, erstmals exakt in der Mitte des Buches. Kurt erwähnt eine Flucht von KZ-Häftlingen so nebenbei, dass sich daraus eine gewisse Normalität ableiten lässt: Für Kurt ist es selbstverständlich, dass es KZ-Häftlinge gibt. Was allerdings Oskar von einem nach Ungarn geflohenen Polen zu hören bekommt, ist für diesen im wahrsten Sinne des Wortes **unglaublich:** „Er [der Pole] erwähnte die Konzentrationslager und den Bau von riesigen Fabriken, und wer nicht arbeiten könne, komme ins Gas." (S. 254) Und auch als Lajos Teller später noch einmal das Gas erwähnt, schreibt Oskar dies einer „kranken Phantasie" (S. 404) zu. Der Brasilianer weiß ebenso von der Existenz der Konzentrationslager, wie sich aus seiner Erwähnung der Orte Mauthausen, Ebensee oder Zipf[42] (vgl. S. 321) schließen lässt.

Auch an anderen Stellen bilden die **Konzentrationslager** für den historisch zurückblickenden Leser den Hintergrund, z. B. bei der Abholung der Familie Weiss: „Die Familie Weiss wirkte ratlos und verloren, als sie vor dem Haus stand mit ihrem kleinen Gepäck." (S. 124) Sie kennt ihr Schicksal noch nicht, doch der Leser ahnt, was ihr droht. Zusätzlich gibt es hier noch eine Reminiszenz an die 1978 ausgestrahlte US-Fernsehserie *Holocaust*, in der das jüdische Ehepaar Berta und Josef Weiss in den Gaskammern von Auschwitz ermordet wird.

Die **Zwangsarbeit** ist ein weiteres Thema, dessen Dramatik kaum benannt wird. Wenn die Polin Joanna, die bei der Quartierfrau als Hausgehilfin arbeitet (vgl. S. 40), ihr Leid klagt, so klingt das wenig dramatisch, zumal ihre Klage mit dem Hinweis, dass es ihr dort noch recht gut erginge, abgemildert wird (vgl. S. 168). Auch bei den russischen Kriegsgefangenen, die für Onkel Ernst in Darmstadt die Torhalle abtragen müssen, klingt das eher nach einem normalen Arbeitseinsatz (vgl. S. 274). Die **tödliche Dimension** von Zwangsarbeit wird **kaum benannt**. Erstmals wird diese von Margots Mutter erwähnt: „Sollen wir den Krieg vielleicht aufgeben und uns nach Sibirien verfrachten lassen bei 40° Kälte und Brot und heißem Wasser und Zwangsarbeit leisten bis zum Umfallen?" (S. 271) Bezeichnenderweise schreibt Margots Mutter hier die **Vernichtung durch Arbeit** den Russen zu, obwohl es das **grundlegende Prinzip deutscher Konzentrationslager** war. Nur im Zusammenhang mit Oskar blitzt die **Brutalität des deutschen Zwangsarbeitersystems** wirklich auf: Auf Oskars Weg zum Arbeitseinsatz werden ohne Zögern Menschen ermordet (vgl. S. 414 f.) und Veits Begegnung mit Oskar, der in der Nähe von Hainburg Schanzarbeiten verrichtet, zeigt, dass dieser seiner **physischen Vernichtung** entgegengeht (vgl. S. 452).

Was in den Folterkellern der Gestapo geschieht, wird auch kaum erwähnt. Sie tauchen nur an zwei Stellen auf und man erfährt lediglich etwas über die Folgen des Geschehens. Die Wände hätten gezittert von den Schreien, schreibt Margots Mutter in einem ihrer Briefe (vgl. S. 271), und bei seiner Rückkehr aus der Haft berichtet der Brasilianer lediglich: „Folterungen sind Alltag, Todesfälle Routine." (S. 295) Doch die Androhung dessen, was dort geschieht, ist stets präsent, insbesondere, wenn der Lackierermeister Dohm oder auch der Onkel die Bühne betreten.

Veit Kolbe und die Frage der Schuld

Die Schuldfrage ist nicht so einfach, wie es zunächst den Anschein hat. Auch hier gibt es nicht nur Schwarz und Weiß, sondern viele Grautöne. Der **Philosoph Karl Jaspers**, der von 1937 bis 1945 seines Amtes an der Universität Heidelberg enthoben war, beschäftigte sich bei der Wiederaufnahme seiner Lehrtätigkeit unmittelbar nach Ende des Krieges in einer Vorlesungsreihe mit dem Begriff der Schuld und veröffentlichte seine Überlegungen dann 1946 als Buch unter dem Titel *Die Schuldfrage*. Jaspers wandte sich gegen eine pauschale Kollektivschuld des deutschen Volkes und differenzierte den Schuldbegriff aus, was bis heute als maßgeblicher Beitrag zu diesem Thema gilt. Dabei unterscheidet er **vier Schuldbegriffe:**[43] kriminelle Schuld, moralische Schuld, politische Schuld und metaphysische Schuld. Die **kriminelle Schuld** wird **vor dem Gericht verhandelt**, Urteil und Strafe sind die Folgen. „Verbrecher ist immer nur der Einzelne."[44] Auch die **moralische Schuld** kann immer nur **für den Einzelnen**, nie für ein Kollektiv beurteilt werden. Die urteilende Instanz der moralischen Schuld ist das **Gewissen**, Buße und Erneuerung die Folgen. Die **politische Schuld** hingegen trägt das **gesamte Volk**, es wird in Haftung genommen. „Es ist jedes Menschen Mitverantwortung, wie er regiert wird."[45] Die urteilende Instanz ist einzig und allein der **Sieger des Krieges**. Dieser entscheidet über Art und Umfang der Haftung. Schließlich gibt es noch die **metaphysische Schuld**, die über die moralische Schuld hinausgeht. Selbst wenn man sich moralisch kaum etwas vorwerfen kann, gibt es oftmals ein **Schuldgefühl**, das sich allein aus der Tatsache heraus ergibt, überlebt zu haben, sich nicht mit seinem ganzen Leben bedingungslos für die gerechte Sache eingesetzt zu haben, und zwar unabhängig von Erfolgsaussichten eines etwaigen Unterfangens. Diese Schuld äußert sich oft als Scham. Stark ausgeprägt ist sie paradoxerweise bei vielen Überlebenden von Konzentrationslagern und auch Oskars Schuldgefühle gegenüber Wally und Bernili gehen in diese Richtung (vgl. S. 417). Die urteilende Instanz ist hier nach Jaspers **Gott** allein.

Wie passen nun **Veit Kolbe** und das **Thema Schuld** zusammen? Veit ist ja von Arno Geiger als „Grauer" (S. 35) angelegt, als gemischter Charakter, der sich nicht ohne Weiteres der Opfer- oder der Täterseite zuordnen lässt. Als Veit bei Hainburg auf die Gruppe um Oskar Meyer stößt, wird er Zeuge, wie ein Zwangsarbeiter von einem Wachmann erschlagen wird, und stellt sich selbst diese Frage: „Und der Arm mit dem Stock ging auf und ab wie von einer Schnur gezogen. Wer hielt diese Schnur? Ich? Mag sein." (S. 451) Eine **kriminelle Schuld** von Veit Kolbe ist, was seine Aktivitäten im Krieg betreffen, **nicht explizit erwähnt.** Dass er darüber nachdenkt, was gewesen wäre, wenn er bei den Erschießungen hätte mitmachen müssen (vgl. S. 454), deutet auf seine Unschuld. Dass er bei Erschießungen nicht anwesend gewesen sein soll, widerspricht allerdings seiner früheren Aussage, dass er alles gesehen habe, was niemand sehen wolle (vgl. S. 199). Kriminelle Schuld trifft ihn aber wegen des **Mordes an seinem Onkel. Politische Schuld** trägt er als **Staatsbürger und Soldat der Wehrmacht automatisch.** Allerdings ist diese eher gering einzuschätzen, da er bei der nationalsozialistischen Machtübernahme noch ein Kind war und als Stabsgefreiter auch keine verantwortungsvolle Position innehat. Ebenso wie Kurt ist auch er Opfer einer „verheizten Generation". Seine **moralische Schuld** zeigt sich immer wieder in einem **schlechten Gewissen:** *„Ja, schade, dass das, was hinter mir liegt, nicht geändert werden kann. Was ich in den vergangenen sechs Jahren begriffen habe, ist, dass die Weisheit hinter mir her geht und selten voraus."* (S. 453) Das zeugt von einem gewissen Handlungsspielraum. Es suggeriert, dass Veit mit etwas mehr Weisheit zu früheren Zeitpunkten auch hätte anders handeln können. Ganz in diesem Sinne hat Arno Geiger seinen Protagonisten in einem Interview als Mann beschrieben, „der mithilft, die Katastrophe am Laufen zu halten", der aber auch „weiß, dass er sich ins Bett des Teufels gelegt hat und dass es nicht so einfach ist, aus dem Bett des Teufels wieder herauszukommen"[46]. Dabei sieht Veit seine Schuld eher im Wegsehen und Unterlassen, wie z. B. auch bei der Verhaftung des Brasilianers: „Und alle andern glotzten nur, ich eingeschlossen." (S. 178) Entsprechend hält Oskar angesichts der brutalen Ermordung eines Juden vor den Augen vieler Menschen fest: „Es soll sich [...] niemand einbilden, nur Zuschauer zu sein." (S. 406) Veits moralische Schuld klingt dann auch bei der Begegnung mit

Oskar durch – in seinem „tatenlose[n] Entsetzen" (S. 452) und bei seiner Reflexion über sein Wegsehen: „Aber ich war so sehr mit meinem eigenen Los beschäftigt gewesen, dass ich mir gedacht hatte: Was gehen mich die Juden an?" (S. 453). Und hier trifft ihn der hasserfüllte Blick von Oskar Meyer (vgl. S. 452) genau an einem der wundesten Punkte. Veit weiß um seine Verstrickung in Kriegsverbrechen und Völkermord. Inwieweit diese moralische Schuld in eine **metaphysische Schuld** übergeht, bleibt hier offen.

Die Schuld des Veit Kolbe in Anlehnung an *Die Schuldfrage* von K. Jaspers

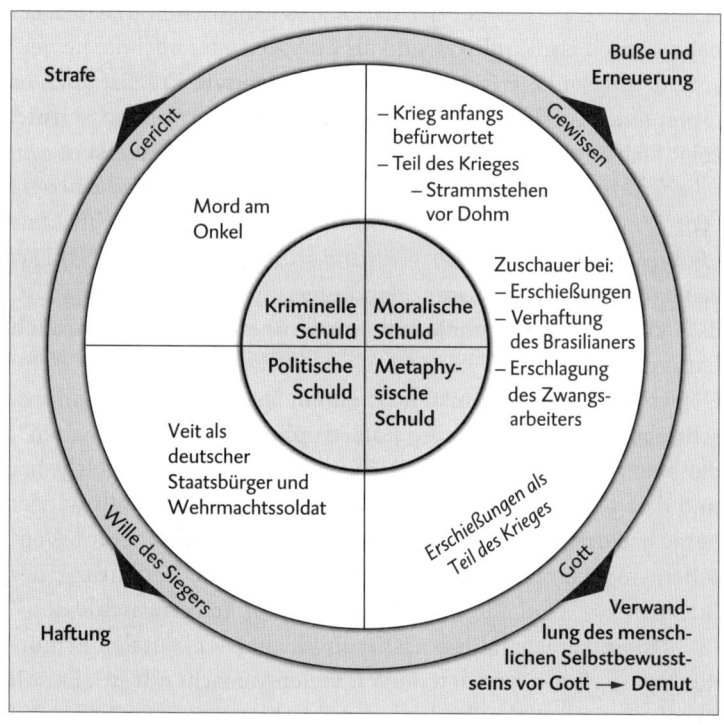

Menschenbild

Nicht nur Veit Kolbe ist als komplexer Charakter angelegt, auch die **meisten anderen Figuren** haben **verschiedene Seiten**. Das zeigt sich nicht nur an Figuren wie Grete Bildstein, bei der man an manchen Textstellen hinter der abweisenden Grundhaltung tiefere Gefühlsschichten vermuten darf, sondern auch an Figuren, die noch mehr der Täterseite zuzuordnen sind: Der Onkel wird auf der einen Seite als **Opportunist** gezeichnet, auf der anderen Seite hat er im Ersten Weltkrieg **traumatische Erfahrungen** gemacht (vgl. S. 307 f.), unter denen er längere Zeit gelitten hat und die im Leser zumindest kurzfristig Mitleid für die Figur auslösen können. Sogar der **SS-Mann Dohm**, der das NS-System und seine Ideologie vertritt und die Hündin tötet, wird nicht in Gänze negativ dargestellt: Veit empfindet ihn bei ihrer ersten Begegnung als „nicht unsympathisch" (S. 208) und bei ihrer letzten Begegnung wirkt er **fürsorglich**, wenn er Veit um Nachsicht gegenüber seiner Ehefrau bittet und ihr Verhalten mit gesundheitlichen Beschwerden begründet (vgl. S. 343 f.).

Arno Geiger hat diese Anlage seiner Figuren damit begründet, dass er „die Mitte viel interessanter finde als die Ränder", weil „[e]xtrem [...] eigentlich unterkomplex"[47] bedeute. In dieser Formulierung schwingt ein **Menschenbild** mit, das sich auch in Äußerungen Veits erkennen lässt: Der Mensch erscheint als ein Wesen mit grundsätzlichem **Potenzial sowohl zum Guten als auch zum Schlechten**, wobei der Krieg vor allem das „Schlechte in den Menschen" (S. 462 f., vgl. S. 437) hervorbringe. In eine ähnliche Richtung zielt folgende Aussage des Brasilianers, in der die Wiedererlangung von Humanität als zu meisternde Herausforderung für den Menschen erscheint: „Und sei dir bewusst, es ist leichter, Menschen zu Hass anzustacheln, als sie zu Liebe und Achtung zu bringen, eine Ahnung davon schlummert in jedem Menschen." (S. 136)

Zu dem im Roman vermittelten Bild des Menschen gehört auch die durch den Krieg besonders deutlich vor Augen geführte **Sterblichkeit** des Menschen. Nach Geigers Auffassung lässt die existenzielle Bedrohung den Menschen „ein starkes Bewusstsein entwickeln davon, dass er seine Gestaltungsmöglichkeiten nutzen muss"[48], und macht ihn „auf eine pragmatische Art lebensgierig"[49]. Diese an die Barockzeit erinnernde Verbindung von „Memento mori" („Sei dir der Sterblichkeit bewusst") und „Carpe diem" („Nutze den Tag") spiegelt sich in der Veit-Handlung wider: Während Veit zu Beginn mit dem Leben, das er fast verloren hätte, „nichts anzufangen" (S. 25) weiß, versucht er im Verlauf seines Jahres in Mondsee sein Leben so gut wie möglich zu gestalten – durch Freundschaft, Liebe und Arbeit. Sein Wunsch kurz vor der erneuten Kriegsfahrt, „[n]ie fort [zu] müssen von hier" (S. 473), zeugt davon, dass er nun weiß, wofür es sich zu (über)leben lohnt.

6 Sprache und Stil

Formale Besonderheiten

Eine augenfällige sprachliche Besonderheit im Roman sind die vielen **Schrägstriche**, die Geiger innerhalb von Absätzen setzt und die nach seiner Aussage „mehr als ein Punkt und weniger als ein Absatz"[50] sind. Dieses zusätzliche Gestaltungselement verleiht dem Roman eine kleine lyrische Note, denn der Schrägstrich rhythmisiert den Text. Auch die **Kapitelüberschriften** verwundern, denn sie geben nicht etwa den Inhalt wieder, sondern bestehen aus dem **Satzanfang des ersten Satzes** des Kapitels.

Hat man sich an die Schrägstriche und die Kapitelüberschriften gewöhnt, fällt zunächst einmal auf, was sprachlich gesehen alles nicht gesagt wird. So werden die Begriffe „Hitler", „Führer", „NSDAP", „Nationalsozialismus" und „Propagandaminister"

konsequent vermieden. Das hat mitunter damit zu tun, dass die gewählte Erzählperspektive größtenteils die des Jahres 1944 ist, der Leser aber aus dem 21. Jahrhundert kommt: „Heute sind das verurteilte Wörter, während man die damals völlig selbstverständlich verwendet hat."[51] Geiger geht davon aus, dass z. B. die harmlose Formulierung „Minister für Öffentlichkeitsarbeit" besser zur Vermittlung der damaligen Perspektive geeignet ist als das Wort „Propagandaminister", das heute negativ konnotiert ist, damals aber als harmlos empfunden worden ist. Neben diesem sachlichen Grund für diese sprachliche Besonderheit wollte Geiger nach eigener Aussage auch nicht, dass sein Roman durch Begriffe wie „Führer" oder „Hitler" „verpestet" (ebd.) werde.

Sprachstil und Wortwahl

Die Sprache in Geigers Roman weist eine Tendenz zur **Alltagssprache** auf. Besonders ausgeprägt ist diese in den **eingebetteten Briefen**, wodurch Geiger diesen einen **authentischen Charakter** verleiht. Unter anderem folgende Merkmale tragen dazu bei:

Alltagsprachliche Merkmale in den Briefen	Beispiele
Umgangssprachliche Formulierungen	„Mit Futter ist es schlecht" (S. 85), „Ich selber hatte einen Samstag wie Arsch und Friedrich" (S. 89), „Dicke Luft ist bei mir zu Hause" (S. 100)
Elisionen	„ich seh's" (S. 97), „Schön wär's." (S. 211)
Ellipsen	„Also, die Frage wohin." (S. 111), „Muss jetzt Schluss machen [...]." (S. 107)
Nachgestellte Wendungen	„das Tascherl gestohlen, auch das Geld, so ein Pech" (S. 111)
Wortwahl mit Nähe zur Mündlichkeit	„Blödsinn" (S. 106), „Stell dir vor, die haben bei uns in den Stall reingeballert" (S. 93)

Insbesondere die Briefe von Margots Mutter und Kurt sind zudem von einer **direkten Ansprache der Adressaten** geprägt („Kommst du mit den Windeln aus, Margot?", S. 85; „Liebe Nanni, mein Schorsche, bist du krank?", S. 108). In diesen ist entsprechend die Beziehung zwischen Verfasser und Empfänger ein zentraler Aspekt, während in Oskars Briefen, in denen die Adressatin sehr viel seltener angeredet wird, das furchtbare Geschehen um ihn so übermächtig ist, dass dieses im Mittelpunkt steht.

Die Einfühlung in seine Figuren, die an Geigers Romanen immer wieder gelobt wird, spiegelt sich dabei in der jeweiligen sprachlichen Gestaltung wider, die Geiger auch zur Charakterisierung nutzt: So unterstreichen dialektale Formulierungen („Tascherl", S. 111; „Bettine ihrs", S. 85, „Vor den Fliegern ist mir zwar Angst", S. 92) den **lokalen Bezug** der Figuren, insbesondere bei Margots Mutter. Manche ihrer Äußerungen wirken zudem **unbeholfen** („Es ist ein Trümmerhaufen von Stadt", S. 87; „Leider ist ein dunkelgrauer Hase kaputt gegangen", S. 92). Andere Stellen, die syntaktische Brüche aufweisen („Wegen dem Kostüm, Margot, ich habe dir doch geschrieben, du sollst es bei einem guten Schneider machen lassen", S. 87 f.), zeugen davon, dass sie **keine geübte Schreiberin** ist.

Auch **Kurts Briefe** weisen zum Teil ähnliche Merkmale auf, an seiner Sprache lässt sich aber zudem sein **junges Alter** ablesen. Seine vielen neugierigen Fragen (vgl. S. 97 f.) verraten die Sorge eines Adoleszenten, seine erste Liebe könne sich von ihm abwenden. Wertungen wie „alle blöd" (S. 97) oder „Kaff" (S. 100), aber auch witzig gemeinte Formulierungen wie „Achtung! Achtung! Sondermeldung!" (S. 101) wirken ebenfalls **jugendlich**. Dass Kurt aber im Unterschied zu Margots Mutter bei der Redewiedergabe meist den Konjunktiv verwendet, darf man als Zeichen seiner Bildung werten.

Oskar Meyers Sprache deutet auf einen **noch höheren Bildungsgrad** hin. Davon zeugt – auch wenn in seinen Briefen ebenfalls Alltagssprache dominiert – unter anderem die gehobenere Wortwahl („ist kostspielig, zumal zu dritt", „Sachen [...] ausgelöst", S. 111), die sich sogar auch noch in seinen letzten Aufzeichnungen findet („die traurige Prozession", „registrierte", S. 414).

Die Kapitel, in denen **Veit** der **Ich-Erzähler** ist, ähneln sprachlich teilweise den Briefkapiteln, sind aber in mancher Hinsicht auch davon abgehoben. Die oft reihende Syntax und die Ellipsen finden sich auch hier immer wieder und vermitteln den Eindruck, dass es sich um authentische Aufzeichnungen handelt – die Kapitel wirken dadurch **tagebuchartig**. Allerdings zeichnet sie an vielen Stellen auch ein **elaborierterer Stil** aus. Dieser zeigt sich unter anderem in der häufiger **bildhaften Sprache** (z. B.: „So hatte mich der Krieg auch diesmal nur zur Seite geschleudert.", S. 7, vgl. auch die Allegorie der Kindheit als „Holz, in das Nägel geschlagen werden", S. 437), aber auch in der **vielfältigen Wortwahl** und in dem **Detailreichtum**. Zusammen sorgen sie für große **Anschaulichkeit** des Erzählten:

> *Dann hörte ich Musik [...], eine seltsame, fast lethargische Gitarre, die in die Tiefe trudelte und ein Gefühl von langsamem Absturz vermittelte, trotzdem sehr warm, auf verschrobene Weise lebensfroh, bisweilen an Heurigenmusik erinnernd, dann ganz fremd und wieder zur Heurigenmusik zurückkehrend.* (S. 67)

Auch **abstrahierende Formulierungen** („aber immer in der blutigsten, unverständlichsten Raserei", S. 8; „Das alles vermischte sich zu etwas, das für mich eine Essenz von Krieg ist", S. 10) tragen dazu bei, dass die Veit-Kapitel **sprachlich differenzierter** wirken als die Briefkapitel. Der sich darin oft äußernden **kritischen Distanz zum Krieg und zum NS-System** dienen auch **Ironisierungen:** Wenn Veit von der NS-Führung als seinem „Dienstgeber" (S. 61) spricht, der trotz militärischer Aussichtslosigkeit den Krieg nicht beenden will, weil das „total gegen den Stil des Hauses" (S. 289) wäre, dann zeigt das deutlich seine Abneigung gegen das Regime.

Symbolik

Die **Drachenwand** ist – nicht zuletzt wegen des Romantitels – ein zentrales Symbol in Geigers Werk. Sie tritt fast **leitmotivisch** immer wieder in den Blick Veits und gewinnt durch die Art und Weise, wie sie beschrieben wird, eine über die konkrete Geografie hinausgehende Bedeutung. **Bedrohlich** steht sie über der gesamten Szenerie: Wiederholt wird ihre Schroffheit betont (vgl. S. 48, 78, 213), sie steht „grau und schwarz über dem See" (S. 78) und die mehrfachen Personifikationen lassen sie als eine unheilvolle Macht erscheinen: Die Drachenwand macht schon zu Beginn „eine breite Brust" (S. 32), hat einen „mächtige[n] Felsenschädel" (S. 165) und Veit empfindet sie als „albtraumhaft hingestellt[]" (S. 362). Insbesondere die folgende Textstelle klingt für den Leser **todesverheißend**: „Die Drachenwand zeichnete sich deutlich ab, ein über die klirrenden Wälder gereckter Schädel, der mit leeren Augen auf die Landschaft herabstierte." (S. 475) Nanni bringt die Drachenwand dann tatsächlich den Tod.

Nimmt man all dies zusammen, dann kann man die Drachenwand als **Symbol für die Gefährdung durch den Krieg und durch das NS-System** werten: So wie die Drachenwand die gesamte Zeit bedrohlich über dem Protagonisten steht, so schwebt über ihm auch die Gefahr, wieder in den todbringenden Krieg eingezogen zu werden.

Vor diesem Hintergrund erschließt sich auch **Veits Sympathie** für Nannis Versuch, die **Drachenwand zu bezwingen:**

> *Was sie getan hatte, war unvernünftig gewesen, aber etwas Selbstbestimmtes. / Schließlich, so stellte ich mir vor, hatte Nanni den Grat der Drachenwand erreicht, hatte dort, befreit von der Last der Vorwochen, verschnauft und stolz ins Land hinausgeschaut.* (S. 320 f.)

Auch Veit wünscht sich schließlich, dass er **selbstbestimmter** handeln kann und der **Krieg endlich überwunden** wird – so wie Nanni in seiner Vorstellung die Drachenwand überwunden hat.

Arno Geiger selbst **verlängert** die symbolische Deutung der Drachenwand sogar noch **ins Allgemeine:** „Wir leben alle unter der Drachenwand – die Drachenwand, das ist das Ungewisse, das Bedrohliche, die Zwangssituation. Wir sind alle viel mehr von äußeren Zwängen bestimmt, als uns das recht sein kann."[52]

Auch im Kleineren arbeitet Arno Geiger mit leitmotivischen Symbolisierungen, z. B. im Hinblick auf die **Tomate**. Schon früh wird sie als kraftspendendes Lebensmittel eingeführt: „Tomaten sind sehr gesund, besser als alles andere." (S. 70) Das Gemüse erinnert Veit an seine geliebte Schwester Hilde (vgl. S. 175) und ist „Teil der Geschichte", die Veit „geformt hat" (S. 175). Auch mit dem Brasilianer verbindet ihn die Tomate (vgl. S. 295) und Margot reicht ihm ebenfalls eine, als er körperlich am Ende ist (vgl. S. 186). Die Tomate wird durch diese Art der Ausgestaltung symbolisch aufgeladen und zu einem Zeichen von Freundschaft und Liebe. Auch den **Orchideen**, die der Brasilianer züchtet, darf man symbolische Bedeutung zusprechen, wie eine Äußerung des Brasilianers nahelegt: „Er wisse, wer im fünften Kriegsjahr Orchideen anbaue, sei der unbewusste Feind all derer, die darüber nachdächten, was außer Blut zum hiesigen Boden passe." (S. 136) Die exotische Pflanze steht insofern für die **antinazistische Haltung des Brasilianers**.

Intermediale und intertextuelle Bezüge

An verschiedenen Stellen des Textes baut Geiger intermediale (also auf andere Medien wie z. B. Bilder verweisende) oder intertextuelle (also auf andere Texte verweisende) Bezüge ein, die Deutungsräume eröffnen:

Das können z. B. kulturelle Reminiszenzen sein, wie etwa *Die Bauernhochzeit* von Pieter Bruegel (vgl. S. 198). Wenn Veit aus diesem Bild ableitet, dass alle Menschen an Orten der Arbeit heiraten sollten (vgl. ebd.), dann verweist das bereits auf ihn und Margot als Paar, das unmittelbar darauf im Gewächshaus zusammenkommt – also bei der Arbeit.

Die Bauernhochzeit von Pieter Bruegel dem Älteren (etwa 1568)

Ein Beispiel für einen intertextuellen Bezug ist die Nennung Marc Aurels und einer seiner Sinnsprüche: „Für den Stein, den man in die Höhe wirft, ist es kein Unglück hinunterzufallen, so wenig es ein Unglück für ihn war, emporgeworfen zu werden." (S. 444). Die stoische Haltung, die darin zum Ausdruck kommt, steht für Veit offenbar in starkem Kontrast zu dem „Irrsinn[] der von ihm [Aurel] geführten Kriege" (S. 444).

Nur einen Absatz später folgt eine intertextuelle Referenz auf die **Nibelungensage:** „Angeblich hielten die Nibelungen in Hainburg ihre letzte Rast, bevor sie ins Reich des Hunnenkönigs Etzel ritten, um dort durch Verblendung, Hochmut und falschen Stolz allesamt zugrunde zu gehen." (S. 444 f.) Für die Nationalsozialisten war die nordische Mythologie und Sagenwelt von großer Bedeutung. Die vielbeschworene **Nibelungentreue**, also die bedingungslose Treue bis in den Tod, wurde für die Nationalsozialisten zum Kriegsende hin immer bedeutender – nicht ohne Grund heißt der Wahlspruch der SS: „Meine Ehre heißt Treue". Veits Einlassung zu den Nibelungen erscheint vor diesem Hintergrund wie ein Kommentar zum Zweiten Weltkrieg: Nicht nur bei den Nibelungen, sondern auch im „Dritten Reich" führt diese Treue (in Verbindung mit „Verblendung, Hochmut und falsche[m] Stolz", S. 445) zu hohen Opferzahlen und letztendlich zum **Untergang**.

Versteckter sind die Anspielungen auf **Paul Celans** berühmtes Gedicht *Todesfuge*. Darin wird die perfide Situation in einem Konzentrationslager geschildert, wie das Häftlingsorchester aufspielen muss, während die Mitgefangenen ihre Gräber schaufeln – und zwar auf Befehl eines Aufsehers, der einen Brief an Margarete nach Deutschland schreibt. Wenn Oskar den „Deutschmeister" (S. 411) als Wiener Ausdruck für ein blau geschlagenes Auge erwähnt, so verweist das auf folgenden bedeutsamen Vers aus Celans Gedicht: „der Tod ist ein Meister aus Deutschland sein Auge ist blau."[53] Und mit dem Brief eines deutschen Soldaten an eine Margarete (vgl. S. 251) liefert Arno Geiger auch noch ein passendes Bild für diese Reminiszenz: der gebuckelte Jude unter der deutschen Herrschaft.

7 Interpretation ausgewählter Textstellen

Veit und Nanni am See

Auszug aus *Den ganzen Tag Schneegestöber* (S. 139–144: „Mit den Händen" bis „durch einen Graben mit Schlamm")
Ordnen Sie die Textstelle in den Handlungszusammenhang ein und interpretieren Sie diese unter besonderer Berücksichtigung der Beziehung zwischen Veit und Nanni.

Im Kapitel *Den ganzen Tag Schneegestöber* treffen zwei Menschen aufeinander, die kurz vor **entscheidenden Wendepunkten** in ihrem Leben stehen. Sie kommen aus zwei grundverschiedenen Richtungen und entfernen sich im Anschluss wieder in zwei unterschiedliche Richtungen. Will man es plakativ ausdrücken, so kommt Veit **aus der Hölle des Krieges** und strebt in „Richtung Himmel", in Richtung Liebe und Freundschaft; Nanni hingegen fällt gerade aus diesem Himmel und strebt in Richtung Hölle, in den **Abgrund des Todes:** Veit verbringt nach seiner Verletzung im Krieg seinen Genesungsurlaub in Mondsee und versucht sich hier einzuleben. Es entwickelt sich zunehmend eine **Freundschaft zum Brasilianer** und auch mit seiner Zimmernachbarin Margot versteht er sich immer besser. Wenige Wochen nach der im Textauszug beschriebenen Begegnung mit Nanni wird Veit **mit Margot zusammenkommen.** Nanni dagegen hat in **Kurt** die **große Liebe** gefunden, doch diese wird **von ihrer Mutter und ihrer Lagerlehrerin torpediert.** Sie hat auch keine Freundin mehr (vgl. S. 141) und aus dem behüteten Elternhaus droht sie verstoßen zu werden (vgl. S. 146). Während Veit also auf dem Weg ist, wieder in soziale Zusammenhänge eingebunden zu werden, hat Nanni eine zunehmend isolierte Position. Wenig später wird sie an der Drachenwand zu Tode kommen.

Die Textstelle lässt sich grob in **drei Teile** gliedern. Im ersten Teil (S. 138 f.) hat Veit eine seiner **Panikattacken,** die von seinen traumatischen Kriegserlebnissen herrühren. Im zweiten Teil **hilft Nanni** ihm dabei (S. 139 ff.), sich von der Attacke zu erholen. Im dritten Teil **bittet** Nanni den Soldaten, sie mit einem Brief an ihre Mutter im Kampf um ihre **Liebe zu Kurt** zu unterstützen – eine Bitte, die Veit ablehnt.

Veit befindet sich am Ufer des Mondsees und hadert mit den zurückliegenden „pulverisierten Jahre[n]" (S. 139) – eine Metapher, die die Verschwendung seiner Zeit als junger Erwachsener eindringlich ins Bild setzt und das zuvor geäußerte Bedauern unterstreicht, durch den Krieg seiner **Jugend und der Möglichkeit einer reifen Liebe beraubt** worden zu sein (vgl. den voran-

gehenden Absatz). Überfallartig brechen dann bei der Panikattacke **Fetzen der Erinnerung an den Krieg** über ihn herein: an
einen Kamin, der auf ihn zu kippte, an pfeifende Granaten (vgl.
ebd.), an „die in die Grube geschossenen Leiber" (ebd.). Die zahlreichen **Sprachbilder** („Wie eine Sturzwelle", „spülten mich in
den kalten Schacht namens Krieg", „gleich geht das Licht aus",
„schnürte mir die Luft ab", „verdrahtet", „Anflutung", ebd.) ver-
anschaulichen die **innere Panik**. Die eingestreuten abstrakten
Wendungen („alle Erniedrigungen des Sterbens", „Tödlichkeit
des Moments", „ungemein kraftvolle Bilder", ebd.) weisen aber
zugleich auf eine gewisse Distanz des erzählenden zum erleben-
den Ich hin, die eine einordnende Perspektive erlaubt.

Wie sehr der Anfall Veit mitgenommen hat, zeigt unter anderem der Umstand, dass er gar nicht gemerkt hat, wie sich ein
Mädchen genähert hat. Er wird auch erst später erkennen, dass es
sich dabei um Nanni handelt (vgl. S. 140). Veit fällt ihre **Unbe-
fangenheit** auf, die angesichts seines „sonderbaren Verhaltens"
(ebd.) nicht unbedingt zu erwarten wäre. Wie auch andere Stellen
zeugt diese hier davon, dass Nanni ein **besonderes Mädchen** ist.
Sie ist äußerst **hilfsbereit:** Sie bietet nicht nur „besorgt" (S. 139)
ihre Hilfe an, sondern wird auch aktiv, als sie seine Hand nimmt
oder später den (wenn auch naiven) Ratschlag gibt, dass Veit seine
Angstanfälle mit Traubenzucker bekämpfen könne (vgl. S. 140 f.).
Und tatsächlich vermag sie Veit dabei zu **unterstützen**, sich
wieder zu erholen: „Die Stimme des Mädchens und ihre einfa-
chen Worte taten mir wohl [...]." (S. 140) Die Schreckmomente,
die Veit noch hat, vergehen schnell, wie der Vergleich mit „Bla-
sen", die „jäh [...] zerplatzen" (ebd.) verdeutlicht. Seine Atmung
normalisiert sich langsam. Die nachfolgende Reihung von Fragen
zeigt Veits Versuch, den **Grund für die Anfälle** zu erfahren:
„Warum diese Nervenanfälle bei Spaziergängen? Bis jetzt hatte
ich doch alles überstanden, hatte in allem entsprochen, als Sohn,
als Schüler, als Soldat. Warum jetzt? War es das böse Erwachen?"

(ebd.) Veit fragt sich also, warum er, der doch die Erwartungen der Außenwelt immer erfüllt hat, von den Panikattacken heimgesucht wird. Dass der Grund dafür gerade das Erfüllen der Erwartungen sein könnte, nämlich die Beteiligung an diesem schrecklichen Krieg und die Erfahrungen, die er dabei gemacht hat, erschließt sich ihm hier offenbar nicht.

Nach einem kurzen Dialog über Veits Angstanfälle entspinnt sich ein **Gespräch über Nannis schwierige Situation**. Die **direkte Rede** schafft dabei ein hohes Maß an **Unmittelbarkeit**. Nanni bestätigt, verliebt zu sein. Veit will Nanni mit dem Hinweis, dass „Verliebtsein [...] etwas Schönes" (S. 141) sei, offenbar trösten. Nannis körperliche Reaktion im Gesicht („Rote Flecken", ebd.) zeigt, dass dieser Satz sie emotional betrifft. Der Leser erfährt schnell, warum: Sie will Veit den Brief ihrer Mutter geben und ihn um Hilfe bitten. Wenn ein **Soldat** der Mutter schreibe, dass Verliebtsein etwas Schönes sei, könne das – so hofft sie – die **Mutter umstimmen**. Ihr Blick und ihre Gesichtszüge verraten ihre **Anspannung** angesichts der Möglichkeit, dass sich ihre Situation zum Positiven wenden könnte: „Sie schaute mich wie gebannt an und zog [...] die Unterlippe ein." (S. 142)

Wie Veit feststellt, ist der Brief der Mutter von „Vorwürfe[n] und Drohungen" (ebd.) geprägt. Er hat Mitgefühl für das „gedemütigte[] Kind" (ebd.) und teilt ihr Unverständnis („Wie auch ich", ebd.). Mit der Formulierung „das dunkle Los ihrer Verliebtheit" (ebd.) deutet Veit schon an, dass eine **Wendung zum Positiven nicht zu erwarten** ist. Das **Bedrohliche**, das in dieser Formulierung steckt, spiegelt sich auch in verschiedenen Wahrnehmungen wider: Veit sieht einen „Vogel mit Flügeln in Sensenform" sowie „die Geister [s]eines Atems" (ebd.), offenbar seinen in der Kälte sichtbaren Atem, und er meint einen plötzlichen Temperatursturz zu bemerken (vgl. ebd.).

Nanni **dringt** auf eine Antwort auf die Frage, ob Veit sich mit einem Brief für sie einsetzen werde. Dieser versucht sie zu beruhigen, indem er die Vorwürfe der Mutter herunterspielt. Außerdem äußert er seine Zweifel, dass der **Brief die beabsichtigte Wirkung** haben würde (vgl. S. 143). Seine Antwort empfindet er selbst als unbeholfen (vgl. ebd.). Das deutet darauf hin, dass seine **Begründung** dafür, ihre Bitte abzulehnen, nur **vorgeschoben** ist. Man darf vermuten, dass Veit noch zu sehr **mit seiner eigenen schwierigen Lage befasst** ist (wie ja auch der Panikanfall zeigt), um ihr zu helfen: Er hält selbst fest, nach Anfällen sei „einem der Horizont eng begrenzt" (ebd.).

Mehrfach wird in dieser Passage die **Besonderheit des Mädchens** unterstrichen: Veit ist **beeindruckt**, weil dieses „so brutal eingeschüchterte[] Kind die Kraft besaß, weiterhin seine Interessen zu vertreten" (ebd.). Er kann auch „die Faszination nachempfinden, die von diesem Mädchen ausging" (ebd.). Zudem schätzt er sie als „völlig frei, ohne Berechnung" ein und vermutet, dass sie die „Vernunftgründe" der Erwachsenen gar nicht verstehen kann und „fest überzeugt" ist, „dass Kurt und sie füreinander bestimmt seien" (ebd.). Veit bewundert also an Nanni die **Unmittelbarkeit ihrer Liebesgefühle**, die sich nicht von der Vernunft beschränken lassen wollen, und ihre **innere Freiheit**, die er später mit dem Begriff der **Selbstbestimmung** (vgl. S. 320) benennt. Seine Bewunderung für sie kann man darauf zurückführen, dass Veits Situation wenig von diesen Aspekten gekennzeichnet ist. Die in ihm „angelegte Fähigkeit, fast zu platzen vor lauter Liebe" (S. 139), konnte er wegen des Krieges nicht entfalten, **äußerlich** (als Soldat der Wehrmacht) und **innerlich** (wegen seiner Panikattacken) ist er **gerade nicht frei oder selbstbestimmt**.

Nannis **Enttäuschung** äußert sich – nachdem sie zunächst ruhig schien – in dem mit plötzlicher Härte formulierten Satz „Wir werden den Krieg verlieren" (S. 143) und im Zerknüllen und Wegwerfen des Briefes. Die Art, wie sie sich mit „schlecht abgestimmten Bewegungen" (S. 144) entfernt, deutet darauf hin, dass Nanni von Veits Absage **stark getroffen** ist. Ihm kommt

Nannis Stolpern durch den Schnee so vor, „als gehe sie durch einen Graben im Schlamm" (ebd.). Dieser Vergleich, der Vorstellungen von einem Soldaten an der Front weckt, markiert ihre Situation als unheilvoll und deutet auf ihren Tod voraus. Die Art und Weise, wie sie fortgeht, macht Veit direkt wieder nervös – der optische Eindruck, Arme und Beine würden gegeneinander arbeiten, scheint so auf ihn zu wirken, als bewege sie sich an einem Abgrund. Und einen solchen wird sie später tatsächlich hinabstürzen.

Insgesamt zeigt der Auszug den Protagonisten Veit als einen Menschen, der unter seinen **traumatischen Kriegserlebnissen** sehr leidet. Wie er für Nannis Situation Verständnis aufbringt, weist zugleich auf sein **Mitgefühl** hin. Veit ist allerdings in seiner **Entwicklung** noch nicht so weit fortgeschritten, dass er dem Mädchen helfen kann. Mit Blick auf die weitere Handlung verhält es sich fast umgekehrt – Nanni wird Veit indirekt bei seiner Entwicklung helfen: Dass er sie nicht mit einem Brief unterstützt hat, beschämt ihn in der Rückschau tief und er identifiziert sich mit Nannis Selbstbestimmtheit (vgl. S. 320). Als Leser darf man schließen, dass Veits schlechtes Gewissen, ihr nicht geholfen zu haben, dazu beiträgt, dass er mit seinem Schuss auf den Onkel einen **Unschuldigen vor dem System beschützt** – eine Tat, die man im Romankontext als **selbstbestimmt** bezeichnen kann.

Veit und Margot – gerüstet für eine gemeinsame Zukunft

Auszug aus *Ich saß auf dem Fensterbrett* (S. 462–464: „Es gibt diese Momente" bis „das Brummen der Bässe im Kamin")
Ordnen Sie die Textstelle in den Handlungszusammenhang ein und interpretieren Sie diese unter besonderer Berücksichtigung der inneren Verfassung des Protagonisten Veit.

Das Kapitel *Ich saß auf dem Fensterbrett* beschreibt die **letzten zwei Tage Veits in Mondsee**. Gerade ist er aus Wien zurückgekehrt. Dort hat er sich mit dem Vater überworfen und Kurt bei einem Abstecher nach Hainburg dessen Briefe zurückgegeben. In Wien ist er aber auch **feldtauglich** geschrieben worden, mit einem Marschbefehl für die Ostfront. Für klare Verhältnisse ist also gesorgt. Veit verbleiben zwei gemeinsame Tage mit Margot, bevor er am Freitagmorgen nach Insterburg zu seiner Einheit fahren wird. Das Kapitel gibt diese zwei Tage chronologisch wieder. Während es in der zweiten Hälfte, dem Donnerstag, überwiegend um Margots Umzug geht – nach einem Streit mit der Quartierfrau bezieht sie ein neues Zimmer beim Fleischhauer, der ihr auch eine Stelle als Ladengehilfin anbietet –, weiß das Paar davon am **Mittwoch**, dem **Handlungszeitpunkt der Textstelle**, noch nichts.

Die Textstelle lässt sich klar **in zwei Teile gliedern**, sowohl räumlich als auch zeitlich. Der erste Teil (S. 462 f.) spielt draußen. Margot, Veit und Lilo befinden sich am späten Nachmittag auf dem **Rückweg eines Einkaufsspazierganges**. Der zweite Teil (S. 464) spielt drinnen: Das Paar liegt bereits **im Bett**, es ist das letzte Gespräch vor dem Einschlafen. Beiden Teilen ist eine gewisse Handlungsarmut gemein, sie sind stark von **Reflexionen und Gesprächen** geprägt. Lediglich Lilo durchbricht jeweils zum Ende hin dieses Prinzip durch äußere Handlung. Beim ersten Teil beendet sie das Gespräch zwischen Veit und Margot, beim zweiten stört sie deren Schlaf.

Der Auszug beginnt mit der Paraphrasierung eines sprichwörtlichen, auf den Krieg bezogenen Gedankens: „Hauptsache aus und vorbei." (S. 462) Übersetzt heißt dies: *Lieber ein Ende mit Schrecken als ein Schrecken ohne Ende.* Dieser immer „brutaler und mitleidloser" (S. 463) werdende **Schrecken ohne Ende** wird hier sprachlich durch eine Reihung mit inhaltlicher Steigerung ins Bild gesetzt: „dieser [...] immer schlimmer werdende, in immer dunklere Jahre hineinführende und alles Zivile aushöhlende Spuk, in dem das Schlechte in den Menschen immer deutlicher zutage trat" (S. 462 f.). Die Wiederholung des Kerngedankens („Hauptsache, der Krieg war bald vorbei und das Elend hörte auf", S. 463)

rahmt diese Bewertung des Krieges und unterstreicht deren Bedeutung. Gleich zweimal bringt Veit die Hoffnung auf ein gutes
Ende zum Ausdruck („hoffte ich", S. 462; „Hoffnung", S. 463).

Sowohl der Tod des Onkels als auch der Marschbefehl haben –
so wundert sich Veit – dazu beigetragen, dass sein Kopf „wieder
klarer war" (S. 463). Warum das so ist, will Veit allerdings nicht
weiter ergründen. Der Leser kann hier spekulieren: Der Marschbefehl scheint Veit (so wie das Wissen um das baldige Kriegsende)
Klarheit zu verschaffen, **wie es vorerst weitergeht**. Und der
Schuss auf den Onkel als eine Form der Auflehnung gegen Vertreter des Systems hat ihm möglicherweise eine Art **innere Befreiung** gebracht bzw. ihm gezeigt, **wo er innerlich steht**. Wie
auch immer die Zusammenhänge hier genauer sind, die äußere
Klarheit jedenfalls scheint einer neuen Klarheit in seinem Inneren
zu entsprechen: Aus dem „ungeklärte[n] Fall" (S. 189), dem sich
selbst „bemitleide[nden]" (S. 463) und fahrig an einfachsten
Aufgaben scheiternden (vgl. u. a. S. 50, 73) Veit, ist nun ein „kon-
zentriert[er]" (S. 463) Mann mit Hoffnung geworden.

Veits **innere Aufgeräumtheit** wird mit **Margots Unzufrie-
denheit kontrastiert**. Die Verwendung von wörtlicher Rede
(vgl. ebd.) lässt ihre Klagen lauter und unmittelbarer wirken. Veits
neu gewonnene „Leichtigkeit" (ebd.) steht hier im Gegensatz zu
Margots äußerer ‚Muffigkeit' (vgl. ebd.). Während er wieder aktiv
ins (Kriegs-)Geschehen eingreifen wird und ein Ende sieht, ist sie
passiv zum Warten verdammt. Erst Lilo unterbricht Margots
missmutige Äußerungen (vgl. ebd.). Veits Gedanke, es könne sich
bei dem Spaziergang um die letzten schönen Momente in seinem
Leben handeln, ruft die **Fragilität seiner Situation** ins Bewusstsein und beschließt die erste Hälfte der Szene.

Der Beginn des zweiten Teils des Auszugs ist wieder von **Veits
Gedanken** geprägt (vgl. S. 464). Hier steht nun die **Beziehung zu
Margot** im Mittelpunkt. Bei Grete Bildstein war er unsicher, was
denn an ihm falsch sei (vgl. S. 58, 63), jetzt kann er – auch wenn

er spürt, dass das „Unhaltbare" ihrer Beziehung „etwas Haltbares bekommen" (S. 464) hat – kaum glauben, dass Margot ihn **als den Richtigen** empfindet. Die parataktische Reihung von längeren Sätzen, deren Wortwahl („Wie es aussah [...] Verwunderung [...] Ungläubigkeit [...] nochmals vergewissernd [...]", ebd.) seine Zweifel durchscheinen lässt, findet in Margots knapper und „eindeutige[r] Antwort" (ebd.) ein Ende: „Hundert Prozent" (ebd.).

Nun scheint alles aufgeräumt: Veits äußere Verhältnisse ebenso wie sein emotionaler Haushalt. Diese **Sicherheit schafft Ruhe**. Das zeigt sich in dem anschließenden Dialog zwischen Veit und Margot. Zweimal wird explizit geschwiegen, bevor der Schlaf dann endgültig Ruhe bringt. Die Tempoverlangsamung ist auch deutlich an dem Dutzend Schrägstriche in diesem zweiten Teil der Szene abzulesen. Es ist aber weniger die Ruhe vor dem Sturm als vielmehr die Gewissheit, **alle Weichen für eine gemeinsame Zukunft gestellt** zu haben. Jedenfalls besprechen Margot und Veit letzte Fragen, die ihr Verhalten in der nächsten Zeit betreffen: Margot mahnt Veit zur Zurückhaltung an der Front, dieser erinnert sie an die Klärung der Ludwig-Situation (vgl. ebd.). Die doppelte Erwähnung Ludwigs ist ein zusätzliches Indiz für den aufkeimenden Optimismus, denn sie zeigt, dass die **existenziellen Ängste der Gegenwart** zunehmend **von den Zukunftsplanungen überlagert** werden. Margot ist zuversichtlich, dass Ludwig ihrer Beziehung nicht im Weg stehen wird.

Die **zukunftsfähige Verbundenheit** des Paares wird durch die erzählerische Gestaltung unterstrichen: Im Unterschied zum ersten Teil des Auszugs, in dem nur eine längere Äußerung Margots wiedergegeben wird, wird das Gespräch zwischen Veit und Margot hier als Dialog in wörtlicher Rede präsentiert, wodurch die gelingende Kommunikation in der Beziehung hervorgehoben wird. Welchen Grad an Innigkeit sie erreicht haben, zeigt die Löffelchenstellung, in der sie einschlafen. Die damit verbundene Nähe und Vertrautheit ist ein Hinweis darauf, dass sich die erotische Beziehung der beiden zu einer **tragfähigen Liebe entwickelt** hat. Die größtmögliche Berührungsfläche ist hier weniger sexuell zu deuten, sondern vielmehr als Sinnbild für Liebe, Vertrauen und Dauerhaftigkeit. Veit hat wieder einen Lebenssinn und hält sich an diesem fest, nicht nur physisch, indem er mit Margots Brust in der Hand einschläft (vgl. ebd.), sondern auch metaphorisch, mit der Mutterbrust als Symbol für die Lebenskraft schlechthin. Doch das Hoffnungsvolle in dieser Situation bleibt nicht ungebrochen, denn abermals greift Lilo störend ein, unterbricht den friedvollen Schlaf (vgl. ebd.) – ein Verweis auf die bevorstehende Störung, die Veits erneute Kriegsfahrt der Familienidylle bringen wird. So ist die Gefahr des Scheiterns zwar nicht gebannt, aber die **Klärung der Zukunftsperspektiven** lässt die **Gegenwart erträglicher** und die **Hoffnungen realistischer** erscheinen. Das fasst Geiger im Schlussbild dieser Szene zusammen, im „Brummen der Bässe im Kamin" (S. 464). Bislang war der Kamin eines der prägenden Kriegsbilder bei Veits Angstattacken (vgl. S. 66, 139, 210), nun ist er auf die beruhigende Funktion seiner Behaglichkeit reduziert und weist damit auf die **Möglichkeit einer zukünftigen, friedvollen Normalität** hin – mit den brummenden Bässen als Klangbild für den monotonen und beruhigenden Sound der Alltäglichkeit.

Rezeption

Alle relevanten Kritiken des deutschsprachigen Raumes sind voll des Lobes. Selbst politisch so entgegengesetzte Medien wie die *FAZ* („Es ist ein großartiges Buch")[54] und die *taz* („Glanzstück der Gegenwartsliteratur")[55], die sonst bei Rezensionen von Literatur und Theater oft divergieren, sind sich in ihrem Urteil einig. Für die *Wiener Zeitung* hat sich Arno Geiger gar „in die Literatur dieses Jahrhunderts eingeschrieben"[56]. Dabei werden von den Kritikern sowohl **inhaltliche** als auch **erzähltechnische** und **sprachliche** Aspekte benannt.

Inhaltlich wird hervorgehoben, dass es Arno Geiger in diesem Roman gelungen sei, jene Verluste durch einen Krieg zu beschreiben, die jenseits des Bezifferbaren liegen. So schreibt *DER SPIEGEL*:

> Die bedrückende Intensität dieses Romans liegt darin, dass er spürbar macht, welche Verluste einen Krieg über das Töten hinaus begleiten, Verluste, die nicht einfach zu beziffern sind. Leichtigkeit und unbeschwertes Glück gehören dazu, wenn sie doch mal aufblitzen, liegt tiefe Wehmut darüber.[57]

DER TAGESSPIEGEL benennt konkret den mit den „Wesensverzerrungen der Menschen zu jener Zeit"[58] einhergehenden Verlust von Normalität:

> Von einer Normalität diesseits des Krieges sind sie alle weit entfernt [...]. Erstaunlich ist es, wie Geiger es vermag, ihrer aller Sehnsucht nach Normalität sprachlich Ausdruck zu verleihen [...]. Überdies fällt auf, wie gut Geiger die Ambivalenzen seiner Figuren herausarbeitet, wie gleichermaßen distanziert und empathisch er ist.[59]

Diese **erzähltechnisch** differenzierte Ausarbeitung der einzelnen Figuren hebt auch die *NEUE ZÜRCHER ZEITUNG* hervor:

> *Arno Geiger hat ein großes Talent, menschliche Eigenschaften in abstrakte Größen zu verwandeln. So bringt er sich in eine empathische Distanz zu den Figuren, in der die Guten ganz unverdächtig gut sind, aber die Schlechten auch nicht ganz schlecht aussehen.*[60]

Hier geht es allerdings um mehr als um die Erzähltechnik. DER STANDARD aus Wien macht den Brückenschlag von der Erzähltechnik hin zur **Sprache:**

> *Die Eindringlichkeit, die diesen Roman so faszinierend und zugleich beklemmend macht, bewirkt Geiger nicht nur durch wechselnde Ich-Perspektiven und eine Handlung voll erschreckender sowie bewegender Momente, sondern auch durch den Duktus.*[61]

So treffe er sprachlich für jede seiner Erzählfiguren den entsprechenden Ton. Die *TAZ* macht dies exemplarisch anhand von Oskars Briefen und Notizen deutlich:

> *So gehören die Briefe, die der jüdische Zahntechniker Oskar Meyer auf seiner Flucht schreibt, zu den Glanzstücken dieses Buches. Von Frau und Sohn wird er getrennt. Immer auswegloser wird seine Lage. Ganz allein ist er schließlich. Und es ist ein Kunstwerk für sich, wie Arno Geiger der Sprache dieser Briefe allmählich die Hoffnung entzieht, bis nur noch ein stumpfes Grau übrigbleibt.*[62]

Wenn es überhaupt eine **Andeutung von Kritik** gibt, so trifft diese die sprachliche Setzung bei Veit Kolbe:

> *Meistens spricht Veit. Anders als die anderen, alle gut voneinander zu unterscheidenden Stimmen wirkt er manchmal etwas zu klug, aber nie zu gebildet. Seine Sprache, seine Beobachtungsgabe scheint dann doch die eines Schriftstellers und weniger die eines jungen ausgelaugten Soldaten, der Angst vor Verblödung hat. [. . .] Man glaubt dennoch jedes Wort, weil das Kluge, das Genaue so klug und genau ist, dass die Künstlichkeit zurücktritt.*[63]

Von diesem Zurücktreten der Künstlichkeit bis hin zur **Realität** ist es nicht mehr weit, wie die SÜDDEUTSCHE ZEITUNG feststellt:

> Der eigentliche Kunstgriff aber besteht im intimen Ton des in der Vergangenheitsform erzählten Romans. Man kennt diesen Ton, an dessen Nachdenklichkeit noch die Nähe des Erlebens hängt, sonst nur aus Tagebüchern und Briefen. Wenn Arno Geiger seinen fiktiven Figuren in einer Nachbemerkung eine scheinbar reale Biografie verleiht, dann verstärkt er diesen Effekt.[64]

Die Publizistin Iris Radisch schreibt in der ZEIT gar: „Sein Kriegsroman Unter der Drachenwand ist eine geniale Authentizitätsfiktion, aus der der Autor sich anschließend so spurlos wie möglich zurückgezogen hat."[65] Von ihr stammt auch einer der **wenigen inhaltlichen Kritikpunkte**:

> Wollte man überhaupt noch einen Schwachpunkt in dieser eindrucksvoll historisierenden Stimmenimitation suchen, dann wäre es die allzu einhellige Treuherzigkeit seines kriegsbeschädigten Erzählpersonals, das gegen NS-Ideologie und Führerkult vollständig immun ist. [...] Die Bösen, die Mitläufer, die Nazis haben nur kurze Gastauftritte. Nie sieht man ihnen ins dunkle Herz. Arno Geigers supersympathische schreibende Antifa-Truppe weiß hingegen immer schon vorbildlich darüber Bescheid, wie ‚wahnwitzig und menschenfeindlich die Firma Blut und Boden' in Wahrheit ist.[66]

Wie Radisch selbst feststellt, ist dieser Einwand nicht „[r]omanentscheidend" (ebd.) – er verkennt aber auch, dass eine Antifa-Truppe Widerstand leistet und ein Veit Kolbe daher wohl auf das Ganze bezogen eher zu den Mitläufern gerechnet werden müsste, an denen es nach Radischs Auffassung mangelt.

Literaturhinweise

Verwendete Textausgabe

GEIGER, ARNO: *Unter der Drachenwand.* 2. Aufl. München: dtv 2019.

Weiterführende Literatur

BAUER, KURT: *Die dunklen Jahre. Politik und Alltag im national-sozialistischen Österreich 1938–1945.* Frankfurt am Main: Fischer Taschenbuch 2017.
Eine umfangreiche Dokumentation der Zeit des Nationalsozialismus in Österreich.

BENZ, WOLFGANG; GRAML, HERMANN; WEIß, HERMANN (HRSG.): *Enzyklopädie des Nationalsozialismus.* 4. Aufl., München: dtv 2001.
Umfassendes Nachschlagewerk zu den wesentlichen Aspekten des Nationalsozialismus.

BUNDESZENTRALE FÜR POLITISCHE BILDUNG: *Nationalsozialismus: Aufstieg und Herrschaft.* Informationen zur politischen Bildung 314, Bonn 2012.
Diese kostenfreie Broschüre erläutert unter anderem die Bedeutung des Begriffes „Volksgemeinschaft" in ihren verschiedenen Facetten.

FRIEDLÄNDER, SAUL: *Das Dritte Reich und die Juden.* Gesamtausgabe. München: dtv 2008.
Das multiperspektivische Meisterwerk vermittelt einen umfassenden Einblick in die Judenverfolgung und -vernichtung.

KAMMER, HILDE; BARTSCH, ELISABET: *Lexikon Nationalsozialismus. Begriffe, Organisationen und Institutionen*. 6. Aufl., Reinbek bei Hamburg: Rowohlt Taschenbuch 2002.
Der Band enthält aufschlussreiche Erläuterungen von Begriffen, Institutionen und Organisationen der NS-Zeit.

NEITZEL, SÖNKE; WELZER, HARALD: *Soldaten. Protokolle vom Kämpfen, Töten und Sterben*. Frankfurt am Main: Fischer 2012.
Warum bleibt der zivilisierte Mensch im Krieg auf der Strecke? Warum greift das moralische Gewissen nicht? Die Quellentexte in diesem Band vermitteln einen Eindruck hiervon.

OHLER, NORMAN: *Der totale Rausch. Drogen im Dritten Reich*. 3. Aufl., Köln: Kiepenheuer & Witsch 2015.
Das Standardwerk zur „Nazi-Droge" Pervitin.

OVERY, RICHARD: *Der Bombenkrieg. Europa 1939 bis 1945*. Berlin: Rowohlt 2014.
Das Standardwerk von Overy lässt kaum Fragen zum Thema „Bombenkrieg" offen und beschränkt sich dabei nicht nur auf die Bombardierungen des Deutschen Reiches, sondern thematisiert auch die Zerstörungen im gesamten Europa.

PIPER, ERNST: *Geschichte des Nationalsozialismus. Von den Anfängen bis heute*. Hrsg. von der bpb. Bonn 2018.
Dieses Buch gibt einen guten Überblick über die wesentlichen Aspekte des Nationalsozialismus und reicht dabei über die Themen „Schuld" und „Erinnerung" bis in die Gegenwart.

Anmerkungen

1 Arno Geiger im Interview mit Stefan Lüddemann in der *SVZ*, 15. 3. 2018.
2 Arno Geiger in dem ARD-Beitrag *Arno Geiger bekommt den Bremer Literaturpreis*. Gesendet am 28. 1. 2019 im Regionalmagazin *buten un binnen* von Radio Bremen TV.
3 Arno Geiger im Interview mit Michael Ries bei *SWR1 Leute,* 17. 9. 2019.
4 Rede von Adolf Hitler am 10. 3. 1940 in Berlin. Zitiert nach Kammer/Bartsch (2002), S. 265.
5 Neitzel/Welzer (2012), S. 61.
6 Nach Kriegsbeginn betrug die Belegungsdichte in den verbliebenen jüdischen Wohnungen fünf bis sechs Familien pro Wohnung, oft ohne Kochmöglichkeiten und sanitäre Einrichtungen. Vgl. Saul Friedländer (2008), S. 264.
7 Benz/Graml/Weiß (2001), S. 630.
8 Saul Friedländer (2008), S. 262.
9 „Todesmärsche" (so der heute übliche Begriff) wurden insbesondere eingesetzt, um KZ-Häftlinge aus Frontnähe in Richtung Reichsmitte zu bringen und so Spuren der Gräueltaten beseitigen zu können. Viele starben auf den tage- und wochenlangen Fußmärschen an Hunger, Kälte und Entkräftung oder wurden erschossen.
10 Die Schutzstaffel, die gefürchtetste Organisation des NS-Systems, war unter dem „Reichsführer SS", Heinrich Himmler, u. a. zuständig für das Konzentrationslagersystem und die Einsatzgruppen in den besetzten Gebieten und so verantwortlich für den millionenfachen Völkermord.
11 Overy (2014), S. 441.
12 Piper (2018), S. 314.
13 Die für den Roman relevanten Bombenangriffe sind der schwere Angriff auf Frankfurt am Main vom 18. bis 22. 3. 1944, die „Brandnacht" von Darmstadt am 11./12. 9. 1944, der erste schwere Angriff auf Wien am 17. 3. 1944 und der Angriff auf Salzburg am 16. 10. 1944.
14 Seit 1935 wurden Jugendliche ab 18 Jahren zu einem sechsmonatigen Arbeitsdienst verpflichtet, nebst Lagerleben und militärischer Disziplin. Ab 1941 wurden Frauen verpflichtet, im Anschluss an den Arbeitsdienst ein weiteres halbes Jahr den sogenannten Kriegshilfsdienst zu leisten.
15 In seiner Reinform ist der Stoff Metamphetamin weniger schädlich als die illegale Droge *Crystal Meth*, die meist mit schädlichen Stoffen gestreckt wird.
16 Dass Pervitin in den anfänglichen Kriegen der Wehrmacht zur Grundausstattung gehörte, ist heute unumstritten. Sehr umstritten ist unter

Historikern aber die Größe des Einflusses von Pervitin auf den Ausgang militärischer Operationen.

17 Nach den Pogromen am 9. 11. 1938 nahm Großbritannien jüdische Kinder aus Deutschland auf, wenn man für diese eine Pflegefamilie fand.

18 Das KZ Mauthausen war Österreichs größtes Konzentrationslager mit über 40 Außenlagern. Von den etwa 190 000 Inhaftierten wurden über 90 000 getötet. Mauthausen liegt gut 20 km südöstlich von Linz.

19 Vgl. Kapitel 2 *Charakterisierung der Hauptfiguren.*

20 Diesen Zusammenhang hat Arno Geiger bei einer Lesung im Stuttgarter Schriftstellerhaus bestätigt: „Veit wisse, dass er das Mädchen im Stich gelassen habe, was später sein Vorgehen in Bezug auf den Onkel bestimme." (vgl. www.stuttgarter-schriftstellerhaus.de/arno-geiger-meine-gluecklische-ehe-ist-meine-eigentliche-lebensleistung)

21 Als Generalgouvernement bezeichneten die Nationalsozialisten die besetzten Gebiete im heutigen Polen.

22 Arno Geiger im Interview mit Andrea Gerk bei *Deutschlandfunk Kultur,* 5. 1. 2018.

23 Geiger, Arno: *Es geht uns gut.* 4. Aufl., München: dtv 2019, S. 248.

24 Arno Geiger im Interview mit A. Gerk (vgl. Fußnote 22).

25 Geiger, Arno: *Der alte König in seinem Exil.* 10. Aufl., München: dtv 2018.

26 Arno Geiger im Interview mit A. Gerk (vgl. Fußnote 22).

27 Rezension von Iris Radisch in DIE ZEIT, 10. 1. 2018.

28 Arno Geiger im Interview mit M. Ries (vgl. Fußnote 3).

29 Leni Riefenstahl (1902 – 2003): deutsche Filmregisseurin, die für die Nationalsozialisten Propagandafilme drehte.

30 Der Text (1809) stammt von Ludwig Uhland, vertont wurde es 1825 von Friedrich Silcher. Noch heute ist das Lied Bestandteil von Trauerzeremonien in der Bundeswehr, dem österreichischen Bundesheer und auch der österreichischen Polizei.

31 In seiner Schrift *Beantwortung der Frage: Was ist Aufklärung?* schrieb Kant: „Aufklärung ist der Ausgang des Menschen aus seiner selbstverschuldeten Unmündigkeit. Unmündigkeit ist das Unvermögen, sich seines Verstandes ohne Leitung eines anderen zu bedienen." (zitiert nach: Bahr, Erhard (Hrsg.): *Was ist Aufklärung?* Stuttgart: Reclam 1984)

32 Arno Geiger im Interview mit Olga Tsitiridou für den dtv-Verlag.

33 Ebd.

34 Arno Geiger in einem Gespräch für *radio FM4,* 8. 1. 2018.

35 Arno Geiger im Interview mit Clemens Benke für das *Klassik Radio,* 25. 1. 2018.

36 Arno Geiger in einem Gespräch für *radio FM4* (vgl. Fußnote 34).

37 Arno Geiger im Interview mit Christine Gorny bei *Bremen Zwei. Gesprächszeit,* 28. 1. 2019.

38 In Deutschland ist das Briefgeheimnis in Artikel 10 des Grundgesetzes festgeschrieben.

39 Tag des Attentats auf Adolf Hitler in der Wolfsschanze unter der Führung von Claus Schenk Graf von Stauffenberg.

40 Saul Friedländer (2008), S. 1017.

41 Bertolt Brecht, *An die Nachgeborenen.* In: Die Gedichte von Bertolt Brecht in einem Band. 11. Aufl., Frankfurt am Main: Suhrkamp 2002, S. 723.

42 Bei Ebensee und Zipf handelt es sich um Außenlager des KZ Mauthausen. Beide sind knapp 50 km von Mondsee entfernt.

43 Die folgenden Ausführungen beziehen sich auf: Karl Jaspers: *Die Schuldfrage.* 3. Aufl., München: Piper 2019, S. 19 ff.

44 Ebd., S. 27.

45 Ebd., S. 19.

46 Arno Geiger im Interview mit O. Tsitiridou (vgl. Fußnote 32).

47 Arno Geiger im Interview mit Lisa Edelbacher für *ORF.at*, 20. 7. 2018.

48 Arno Geiger im Interview mit Denis Scheck auf der Leipziger Buchmesse, 16. 3. 2018.

49 Arno Geiger im Interview mit O. Tsitiridou (vgl. Fußnote 32).

50 Arno Geiger im Interview mit D. Scheck (vgl. Fußnote 48).

51 Ebd.

52 Arno Geiger in einem Gespräch für *radio FM4* (vgl. Fußnote 34).

53 Paul Celan: *Todesfuge.* In: *Die Gedichte.* Kommentierte Gesamtausgabe in einem Band. Frankfurt a. M.: Suhrkamp 2005, S. 41.

54 Rezension von Andreas Platthaus in der *FAZ*, 12. 1. 2018.

55 Rezension in der *taz*.

56 Rezension von Edwin Baumgartner in der WIENER ZEITUNG, 13. 1. 2018.

57 Rezension von Claudia Voigt im SPIEGEL, 24. 11. 2018.

58 Rezension von Gerrit Bartels im TAGESSPIEGEL, 8. 1. 2018.

59 Ebd.

60 Rezension von Paul Jandl in der *NZZ*, 6. 1. 2018.

61 Rezension von Klaus Zeyringer in DER STANDARD, 7. 1. 2018.

62 Rezension in der *taz* (vgl. Fußnote 55).

63 Rezension von Judith v. Sternburg in der FRANKFURTER RUNDSCHAU, 7. 1. 2019.

64 Rezension von Meike Fessmann in der *SZ*, 9. 1. 2018.

65 Rezension von Iris Radisch in DIE ZEIT (vgl. Fußnote 27).

66 Ebd.